AF197045

SV

Niklas Luhmann

Der neue Chef

Herausgegeben und mit einem Nachwort
von Jürgen Kaube

Suhrkamp

Zu den Autoren

Niklas Luhmann (1927-1998) war Professor für Soziologie an der Universität Bielefeld. Im Suhrkamp Verlag sind zuletzt erschienen: *Liebe. Eine Übung* (2008), *Politische Soziologie* (2010), *Macht im System* (2012) sowie *Kontingenz und Recht. Rechtstheorie im interdisziplinären Zusammenhang* (2013).

Jürgen Kaube, geboren 1962, ist Mitherausgeber der *Frankfurter Allgemeinen Zeitung*. Für seine publizistische Arbeit wurde er 2012 mit dem Swift-Preis für Wirtschaftssatire und 2015 mit dem Ludwig-Börne-Preis ausgezeichnet.

Bibliografische Information der Deutschen Nationalbibliothek
Die Deutsche Nationalbibliothek verzeichnet diese Publikation
in der Deutschen Nationalbibliografie;
detaillierte bibliografische Daten sind im Internet
über http://dnb.d-nb.de abrufbar.

2. Auflage 2016

Erste Auflage 2016
© Suhrkamp Verlag Berlin 2016
Druck: CPI – Ebner & Spiegel, Ulm
Umschlaggestaltung: Hermann Michels und Regina Göllner
Printed in Germany
ISBN 978-3-518-58682-2

Inhalt

Der neue Chef

Die bürokratische Verwaltung fordert im Prinzip einen unpersönlichen Arbeitsstil. Die Voraussetzung dafür schafft sie durch Garantie einer Verhaltensordnung, in der hohe Erwartungssicherheit herrscht. Der Alltag ist für den Beamten geregelt. Er kann seine Gefühle daher für sich behalten.

Aber es gibt Situationen, in denen diese Rechnung nicht aufgeht. Eine von ihnen tritt unvermeidlich von Zeit zu Zeit ein: Hin und wieder bekommt eine Behörde, eine Abteilung oder Gruppe einen neuen Chef. Der Wechsel des Vorgesetzten gehört zu den wenigen aufregenden Ereignissen im Verwaltungsalltag. Man fühlt die Nervosität auf den Fluren der Ministerien, wenn die Wahlresultate bekanntwerden und ein neues Regime in Aussicht steht. Dann setzt die Arbeit fast aus, weil niemand recht weiß, was zu erwarten ist, und man findet für eine Weile in Gerüchten eine Art Ersatzsicherheit. Wenn ein Abteilungsleiter ausscheidet, ist die Breitenwirkung geringer, aber auch hier wird ein besonderes Interesse lebendig. Nachfolgeprobleme sind bis in die untersten Ränge beliebter Gesprächsstoff. Auf allgemeine Anteilnahme kann zählen und Prestigegewinne ernten, wer im kritischen Moment mehr weiß als die anderen. Mit der Ernennung des neuen Chefs sind die Probleme nicht etwa gelöst. Die Analyse ihrer Gründe und Hintergründe beschäftigt seine Umgebung noch lange. Dann steht man vor dem Problem der ersten Begegnung. Man hat das Gefühl: Der erste Eindruck entscheidet, und die Sozialpsychologie scheint das zu bestätigen.[1] Es gilt, die richtige Mischung von Respekt und Offenherzigkeit, von Bescheidenheit und selbstverständlicher Erfahrungssicherheit, von Angebot und Zurückhaltung zu finden. Das ist um so heikler, wenn es zugleich notwendig ist, den neuen Chef von unten anzulernen.

Ähnliche Schwierigkeiten des Anfangens bestehen auf seiten des Chefs; nur daß seine Rolle es noch weniger erlaubt, sich eine Unsicherheit anmerken zu lassen. Auf ihn dringt eine Fülle von neuen Mitarbeitern ein, die noch keine persönlichen Gesichter haben, und deren Hintergedanken er nur vermuten, nicht erraten kann. Dazu kommt, daß die konzentrierte Aufmerksamkeit seiner Umgebung, ihr Interesse an Hinweisen für die Bildung fester Erwartungen, die Bedeutung erster Fehler vergrößert.

Wahrscheinlich wird weder der Vorgesetzte noch der Untergebene so leicht auf den Gedanken kommen, in dieser Situation bei der Wissenschaft Rat und Hilfe zu suchen. Die ihnen bekannten Wissenschaften ermutigen eine solche Anfrage nicht. Juristisch und organisationswissenschaftlich ist ein solcher Wechsel merkwürdig problemlos. Juristisch handelt es sich um die Entscheidung der dafür zuständigen Stelle, die gewisse feststehende Rechtsfolgen hat. Eine Verfeinerung und Ausarbeitung dieser Erkenntnis kann gewiß nicht sehr weit führen. Und die bisherige Organisationswissenschaft sieht in einem Personalwechsel, selbst im häufigen Personalwechsel, allenfalls Auswahlprobleme und Anlernkosten. Die emotionalen Probleme und Rückwirkungen, die Umstellungsschwierigkeiten der Mitarbeiter unterschätzt sie, weil sie davon ausgeht, daß eine unpersönliche, generalisierte Einstellung zur Rolle des anderen ausreichende Verhaltensgrundlage sei.[2] Das ist auch der Grund, weshalb das Bürokratiemodell

Max Webers solche Probleme nicht berücksichtigt.

Man wird jedoch die Frage aufwerfen müssen, ob diese generalisierte Einstellung lebensfähig ist und ob es für das Handeln in der Verwaltung genügt, für alle etwaigen Rechtsstreitigkeiten eine richtige Entscheidung zu wissen. An solchen Fragen kann eine Verwaltungswissenschaft, die mit dem konkreten Verhalten in der Verwaltungswirklichkeit Fühlung halten will, nicht vorübergehen. Der neue Chef ist ein Problem, das sich mit strukturbedingter Typizität laufend wiederholt, eines der wenigen Organisationsprobleme, dem mit Recht universelle Bedeutung beigemessen werden kann.[3] Wenn der Begriffsrahmen der Verwaltungswissenschaft ein solches Problem nicht fassen und definieren kann, muß er erweitert werden.

I.

Jede soziale Ordnung kann funktional analysiert werden, wenn man ihre Stabilität als problematisch ansieht und nach den Leistungen fragt, die zu ihrem Aufbau und zu ihrer Erhaltung beitragen. Stabilität ist im sozialen Leben nur erreichbar, wenn das Verhalten der anderen Menschen voraussehbar ist, wenn also zuverlässige wechselseitige Verhaltenserwartungen durchweg erfüllt werden. Dazu wiederum gehört, daß diese Verhaltenserwartungen in verschiedener Hinsicht generalisiert sind: daß sie zu komplexen Typen mit verschiedenen Ausführungsmöglichkeiten zusammengefaßt sind, daß sie wiederholbar sind, daß sie Konsens finden und daß sie normativen Sinn erhalten und dadurch fortbestehen, auch wenn sie im Einzelfall faktisch enttäuscht werden. Generalisierte Verhaltenserwartungen solcher Art werden heute allgemein als Rollen bezeichnet.

Eine Sozialordnung besteht aus einer Vielzahl verschiedener Rollen, die einander voraussetzen, komplementär ergänzen, einander ausschließen oder miteinander unter mehr oder weniger großen Schwierigkeiten kombiniert werden. Formen des Rollenzusammenhanges, der Rollentrennung und des Rollenkonfliktes gehören zu den zentralen Ordnungsthemen des menschlichen Zusammenlebens. Die Gesichtspunkte, nach denen hier die strukturellen Grundentscheidungen fallen, differenzieren und definieren zugleich die Probleme, die in bestimmten Sozialordnungen beim Rollenwechsel auftreten. In diesem Sinne hängen auch die Schwierigkeiten beim Chefwechsel von der Struktur eines organisierten Arbeitszusammenhanges ab.

Primitive, relativ ungegliederte Sozialordnungen beruhen in hohem Maße auf sozial vorgeschriebenen und eingelebten Rollenkombinationen in je einer Person. Das Familienoberhaupt ist zugleich Produktionsleiter, Kriegschef, Vortänzer, Mitglied des Stammesrates und anderes mehr. Sein Nachfolger rückt in alle diese Rollen ein. Solche Ordnungen können daher Personen austauschen, ohne die soziale Rollenstruktur zu ändern.[4] Die Verbindung der Rollen kann dann bis ins einzelne ausgearbeitet werden und wird von Generation zu Generation unbezweifelt überliefert. Dadurch, daß die Rollenkombination auf die Einheit einer Person abgestellt ist, kommt es zu der erstaunlichen Homogenität und Ähnlichkeit der Lebensgeschichten, die wir in jenen Sozialordnungen feststellen.

Solche Systeme können jedoch ein geringes Maß an Differenzierung nicht überschreiten. Die Aufnahmefähigkeit einer Person für verschiedene Rollen ist begrenzt. Sobald die Entwicklung zu spezielleren Rollen und damit zu größerer Differenzierung führt, müssen personale Rollenkombinationen zunehmend durch sachliche Rollenzusammenhänge ersetzt werden. Damit wird es mehr und mehr Zufall, welche Rollen in einer Person zusammentreffen. Sachliche Rollenkombinationen sind nur durchführbar bei hoher Trennbarkeit der Rollen, bei Trennung von Heim und Arbeit und Politik und Erholung. Diese Ordnung erfordert personale Beweglichkeit und ergibt unterschiedliche Karrieren mit mehr oder weniger zufälliger Rollenhäufung in jeder Person. Ein Konzernpräsident kann verheiratet oder unverheiratet, Tänzer oder Nichttänzer, Kirchenmitglied, Jäger usw. sein. Für das Zusammentreffen solcher Rollen in einer Person gibt es kaum noch soziale Regeln und für Rollenkonflikte keine sozial akzeptierten Lösungen mehr. Jede Nachfolge in eine Rolle bringt daher neue Kombinationen und neue Probleme mit sich. So ist in allen differenzierten Systemen mit hoher Rollentrennbarkeit der Rollenwechsel mit strukturellen Umstellungen verbunden: Man muß sich nicht nur an neue Menschen gewöhnen; auch die sozialen Zusammenhänge, die durch Personen vermittelt werden, ändern sich bei jedem Wechsel.

In formalen Organisationen kommt ein weiteres Moment hinzu, das diese Umstellung erschwert. Alle Organisationen, die kontinuierlich spezielle Zwecke verfolgen, bilden ein System offizieller, formal-legitimer Erwartungen aus. Diese Erwartungen, die namentlich die Zuständigkeiten der Ämter, bestimmte Kommunikationswege und gewisse Brauchbarkeitsbedingungen für Entscheidungen fixieren, beschreiben nicht etwa das tägliche Leben und Handeln in der Verwaltung. Sie geben nur ein gewisses Grundgerüst der Orientierung. Sie sind in hohem Maße expliziert, für Sprache und Schrift geeignet und bilden Ansatzpunkte für ausdrückliche Argumentationen und Rechtfertigungen. Sie zu akzeptieren ist Bedingung der Mitgliedschaft in der Organisation. Dadurch erhalten sie Prominenz und allgemeine Sichtbarkeit. Jeder kann im Verkehr mit anderen Mitgliedern der Organisation davon ausgehen, daß diese formalen Erwartungen geteilt werden. Sie dienen als »semantisches Bollwerk«.[5] Man ist nicht angreifbar, wenn man sich auf sie beruft. Sie sind daher in besonderer Weise für die Öffentlichkeit oder auch für die Akten geeignet.

Eben deshalb liegen in der Verwendung einer formal regulierten Sprache spezifische taktische Vorteile und eine bestimmte Charakterisierung des Gesprächspartners. Die Situation wird öffentlich gemacht, der Partner unpersönlich als »jedermann« oder als möglicher Gegner behandelt. Das schließt jede Intimität aus. Mit Hilfe formaler Argumente, die eine unwiderlegbare Sicherheit haben, weil niemand ihnen die Anerkennung verweigert, kann man Situationen unterkühlen, unerwünschte Vertraulichkeiten dämpfen, auch mit Gegnern und Unbekannten flüssig verkehren und potentielle Feindschaft unangreifbar zum Ausdruck bringen. Auch vermeidet man auf diese Weise eine offizielle Kenntnisnahme von Dingen, die nur »unter Freunden« mitgeteilt werden können.

Diese Analyse lehrt zweierlei: Einmal wird deutlich, daß formale Erwartungen und Rollendefinitionen im Gesamtsystem einer Organisation eine spezifische Funktion haben und für sich allein nicht die volle Wirklichkeit wiedergeben. Eine Organisation kann nicht allein nach formalen

Erwartungen leben. Zum anderen nehmen die formalen Erwartungen ein Monopol auf Legitimität in Anspruch und führen dadurch zu Ausdrucksschwierigkeiten für alle Erwartungen, die abweichen. Sie stellen ein widerspruchsfreies System konsistenten Zweckhandelns zur Schau. Was nicht hineinpaßt, muß sich verbergen oder doch in eine begrenzte Öffentlichkeit engeren Vertrauens zurückziehen.

In jeder Organisation entwickelt sich daher unter der formalen eine informale Ordnung mit eigenen Rollen, mit individueller geformten, persönlicheren Erwartungen, mit kleineren Gruppen und Cliquen, die brauchbare Abweichungen in ihrem Kreise legitimieren, Machtschwerpunkte bilden und ihre Mitglieder in allerlei Fehden unterstützen. Eine solche informale Ordnung ist typisch nicht zweckspezifisch, sondern personal orientiert. Ihre Kristallisationspunkte sind diejenigen Bedürfnisse, welche die formale Organisation nicht befriedigt oder durch ihre Einseitigkeit schafft.

Wenn damit auch ihr »Thema« weitgehend von der formalen Organisation vorgezeichnet wird, bilden sich im informalen Bereich doch selbständige Normen und Institutionen, die keinen eindeutigen Bezug zur formalen Organisation haben. Sie können ihr sowohl schaden als auch nützen. Diese Einsichten sind in der soziologischen und sozialpsychologischen Organisationsforschung der letzten zwanzig Jahre gesichert worden.

Die relative Unabhängigkeit von formaler und informaler Ordnung bedeutet nicht, daß Verbindungen und kausale Wechselwirkungen fehlen, sondern nur, daß beide Ordnungen relativ unabhängig voneinander variierbar sind. Ihr Änderungsstil unterscheidet sich. Informale Erwartungen ändern sich kontinuierlich, langsam und unmerklich, geführt durch Erfahrungen und Enttäuschungen, Zustimmung anderer oder Widerspruch. Ihr Inhalt, ihre Sicherheit und Normstärke, der wahrgenommene Konsens kann sich verschieben; ihre Geschichte, ihre Begründung, ihr Zusammenhang mit anderen Erwartungen wandeln sich in vielfältigen Umdeutungen. Formale Erwartungen sind dagegen an scharf geschnittene Identitäten geknüpft. Sie gelten oder gelten nicht. So paßt sich die formale Organisation ihrer Umwelt nicht kontinuierlich, sondern durch Entscheidung, also ruckweise an, mit Schwellen, zwischen denen statische Intervalle liegen.

Diese Unterschiede des Änderungsstils führen notwendig zu Differenzen und Widersprüchen.[6] Die informale Organisation kann auf den neuen Chef nicht sofort angemessen reagieren, und daher reagiert sie zunächst emotional. Sie braucht Zeit, um für adäquate Erwartungen Sicherheit und Konsens zu finden.

Die Einsetzung in das formale Amt bringt also noch keine Nachfolge in die informalen Funktionen des Vorgängers mit sich. Solche informalen Funktionen eines Chefs werden zumeist mehr oder weniger latent geübt und sind für den Nachfolger alles andere als offensichtlich. Sie mögen etwa darin bestehen, daß der Chef zwischen verschiedenen Cliquen seiner Organisation laufend vermittelt und so offene Fehden verhindert. Sie können darauf beruhen, daß er sich einer engeren Gruppe anschließt und durch deren vertrauliche Informationen die Organisation in der Hand hat. In anderen Fällen mögen die guten Beziehungen des Chefs nach außen oder nach oben die Organisation abgeschirmt haben. Es kann auch sein, daß ein ausgesprochen toleranter, eingriffsschwacher Führungsstil die informale Ordnung in ihren Erwartungen bestimmt hat.

In all solchen Fällen kann – und darauf läuft unsere Analyse hinaus – die informale Ordnung nicht mit der Fortdauer einer entsprechenden Funktionsverteilung rechnen. Eine Nachfolge in den formalen – informalen Arbeitszusammenhang als ganzen ist nicht vorgeschrieben. Sie kann nicht einmal als legitime Erwartung zum Ausdruck gebracht werden, weil der informalen Ordnung die Sprache dafür fehlt. So entsteht, weil es keine institutionelle Überleitung gibt, eine Periode der Unsicherheit, bis die informale Ordnung sich umstellt, bis der alte Chef in seinen informalen Funktionen ersetzt und der neue, mit vielleicht anderen Funktionen, eingebaut ist.

Diese Probleme werden durch die erwähnten Sprach- und Kommunikationsschwierigkeiten zusätzlich belastet. Einem Unbekannten und besonders einem unbekannten Vorgesetzten gegenüber kann man nur formal-legitime Situationsdefinitionen und Erwartungen zur Schau stellen. Alles andere wäre unpassend, stilwidrig und könnte zu blamablen Zurückweisungen führen.

Solche Ausdruckshemmungen haben einerseits eine Schutzfunktion für die formale Organisation: Die Geschlossenheit ihrer Idealdarstellung wird nicht gefährdet. Auch liegen darin sinnvolle Mechanismen der Rollentrennung: Man kann den Chef nicht veranlassen und von ihm nicht veranlaßt werden, Informationen über Außerdienstliches preiszugeben.

Andererseits verkümmern so die normalen gesellschaftlichen Mittel und Formen des Miteinanderbekanntwerdens. Zwar lernen Menschen sich immer in speziell definierten Rollen kennen: als Mitreisende, Angler, Theaterbesucher, eingeladene Gäste. Aber solche Rollen enthalten – anders als professionelle Rollen – kein Tabu gegen Ausweitung der Bekanntschaft. Man wird miteinander bekannt in einem Prozeß vorsichtiger Enthüllungen, die es den Beteiligten ermöglichen, ihren wechselseitigen Status zu fixieren und diejenigen Formen der Selbstdarstellung und Situationsdefinition zu ermitteln, die in dieser Beziehung Konsens finden können. Jeder läßt sein Visier so weit herunter, wie Aussicht auf Übereinstimmung besteht, und gibt dem Partner taktvoll Warnungen, wenn er auf einen gefährlichen Boden gerät. Da-

für ist wesentlich, daß man nicht in der Anfangsrolle stehen bleibt, in der man sich kennenlernt,
sondern andere Rollen des Partners erforscht,
daß man erfährt, ob er Flüchtling, Kriegsteil-
nehmer, Vater zweier Kinder, Kirchenvorstand,
Schrebergärtner ist und einer schlagenden Verbindung angehört – und nicht nur, daß er diese
Rollen wahrnimmt, sondern auch wie er zu ihnen
steht.

Zusammenfassend läßt sich feststellen, daß formale Organisationen, insbesondere größere,
differenzierte Systeme durch ihre strukturelle
Ordnung den Wechsel in Führungsrollen mit
Problemen belasten: Sie können nur einen Teil
der funktionsnotwendigen Erwartungen legitimieren und daher eine Nachfolge nur partiell regeln. Die Änderung geschieht abrupt und läßt die
Neuverteilung informaler Funktionen offen. Der
Ausgleich der Spannungen, die dadurch entstehen, und das Miteinanderbekanntwerden werden
durch eingebaute Kommunikationsschranken
verzögert und behindert.

II.

Im Alltagserleben neigt man sehr dazu, Schwierigkeiten, Probleme, Spannungen und Enttäuschungen auf Eigenschaften und Verhaltensweisen beteiligter Personen zurückzuführen und sie so zu erklären. Irgend jemand hat Schuld, weil er ehrgeizig, selbstsüchtig, faul oder eitel ist; oder er wird als unfähig angesehen, weil er gewisse Erwartungen nicht erfüllt. Solche Erklärungen sind für den Alltagsgebrauch zumeist recht befriedigend.

Häufig ist jedoch individuelles Verhalten nur eine Reaktion auf Systembedingungen, unter denen es vollzogen wird, ein Versuch, mit den Schwierigkeiten fertig zu werden, die sich als Folgen bestimmter sozialer Ordnungstypen einstellen. Das sozialwissenschaftliche Interesse richtet sich, sehr ausgeprägt schon bei Marx, auf diese Systembedingungen des Handelns und eröffnet dadurch neue Perspektiven und andere Erklärungsmöglichkeiten.

Wenn man eine arbeitsteilig hochdifferenzierte Sozialordnung wählt, kann man gewissen Folgeproblemen nicht ausweichen. Es ist charakteristisch für solche nachteiligen Folgen struktureller Grundentscheidungen, daß sie nicht einfach auszugleichen sind, daß es für sie keine Patentlösungen gibt. Wären solche Lösungen möglich, könnten sie in die Rollenstruktur eingebaut werden, und die Schwierigkeiten würden nicht mehr auftreten. Zumindest läßt sich jedoch erwarten, daß Systemfolgen, die nicht vom individuellen Wesen der beteiligten Personen abhängen, sich mit einer gewissen Typizität wiederholen. So muß es möglich sein, sie als solche zu studieren und diejenigen Aspekte der Situation aufzuzeigen, die die Spannung verschärfen oder entlasten.

Ohne Anspruch auf Vollständigkeit und systematische Ordnung können für den Fall des Chefwechsels die folgenden Variablen aufgezählt werden:[7] (1) Legitimität des Wechsels nach den informalen Normen und Wertvorstellungen; (2) bürokratische Regulierung der Position und des Wechsels; (3) Herkunft des neuen Chefs aus der Organisation oder von außen; (4) Persönlichkeit des Vorgängers.

1. Die formale Legitimität eines Amtswechsels kann im allgemeinen unterstellt werden. Darüber hinaus haben jedoch Untergebene ihre eigenen

Vorstellungen über Gründe, die einen Wechsel rechtfertigen.[8] Hier werden die feinsten Nuancierungen und Unterscheidungen ausgefeilt. Für den Amtserwerb gelten nicht die gleichen Maßstäbe wie für den Amtsverlust. Entlassung, Versetzung an andere Orte, andere Behörden im selben Ort, andere Dienstposten in derselben Behörde, Änderung von Aufgaben und Zuständigkeiten werden nach unterschiedlichen Kriterien beurteilt. In der öffentlichen Verwaltung ist zum Beispiel der wirkliche oder der vermutete politische Einfluß ein Problem. Selbstverständlich wird die politische Besetzung des Ministerpostens akzeptiert, in den niedrigen Rängen muß mindestens auch sichtbare fachliche Qualifikation hinzukommen, und sie wird am Anfang besonders scharf kontrolliert. Die Versetzung eines Beamten aus politischen Gründen wird mißbilligt, nicht unbedingt auch die Betrauung mit anderen Aufgaben.

Für eine Ausarbeitung im einzelnen fehlen ausreichende empirische Untersuchungen, selbst in der amerikanischen Literatur. Allgemein kann jedoch gesagt werden, daß die Billigung oder Mißbilligung des Wechsels sich leicht auf die Person des Nachfolgers überträgt. Wenn er schon mit der

Annahme des Amtes die Erwartungen seiner neuen Umgebung bricht, kann er auf Mißtrauen gefaßt sein.

Dieses Mißtrauen hat eine reale Basis. Die Gründe des Wechsels hinterlassen oft eine Orientierungsrichtung beim Nachfolger, die seine Sensibilität für die Erwartungen am Ort einschränkt oder ihn in eine kritische Einstellung führt. Das gilt besonders, wenn der Wechsel mit einer Kritik der bisherigen Amtsführung verbunden ist oder mit der Erwartung einer Änderung; oder wenn der Nachfolger seine Ernennung jemandem verdankt und nun dessen Erwartungen erfüllen will. Das alles stimmt ihn sichtbar skeptisch gegenüber den lokalen Gepflogenheiten und mag daher Widerstände wecken.

2. In einem allgemeinen Sinne entlasten bürokratische Regelungen die Spannungen, die aus einem Personalwechsel entstehen. Am schwersten treffen Nachfolgeprobleme kleine private Unternehmen. Deren Chefposten sind in hohem Maße individuell zugeschnitten, sie beruhen auf besonderer Kombination von Erfahrungen, Kenntnissen und Geschicklichkeiten, und sie lassen sich wegen der kleinen Verhältnisse weder formalisieren noch

auf abstrakte Leitgedanken bringen. Der Wechsel des Chefs setzt daher häufig den Bestand des Unternehmens aufs Spiel.[9]

In einer vollausgebauten Bürokratie, etwa der Staatsverwaltung, ist dagegen jedes Amt, auch das des Chefs, mobil besetzt. Der mögliche Wechsel ist Grundlage aller Beziehungen. Jedes auf Personen abgestellte Gleichgewicht hat etwas Provisorisches an sich und wird in diesem Sinne erlebt und institutionalisiert. Ein Wechsel kommt daher nie völlig unerwartet. Zumindest hat jeder so etwas schon erlebt und hält vorgezeichnete Reaktionsbahnen dafür bereit. Wenn die bürokratische Regulierung zunimmt, werden Anlässe und Formen des Wechsels und seine Folgen stärker voraussehbar. Jedenfalls sind die Positionskonstanten des Nachfolgers, seine Aufgaben, seine Kompetenzen und seine Stellung im formalen Kommunikationsnetz bekannt. Das ermöglicht manche Prognosen. Außerdem nimmt die formale Regulierung des Verhaltens der informalen Ordnung viele Funktionen und reduziert sie im Grenzfall auf reine Schwatz- und Erholungsgruppen, die dem Organisationsgeschehen gegenüber indifferent bleiben, und lediglich persönliche Bedürfnisse aufgreifen und befriedigen. Mit solchen Gruppen hat dann auch der neue Chef kaum Schwierigkeiten. In dieser Richtung, die auch Grusky[10] und Gouldner[11] notieren, liegen zweifellos zukunftsreiche Entspannungsmöglichkeiten. Sie werden mit den bekannten Nachteilen formaler Bürokratie teuer bezahlt.

3. Mit den Fragen der Legitimität und der Bürokratisierung des Wechsels überschneidet sich ein weiterer Gesichtspunkt: Der neue Chef kann aus der Organisation selbst oder von außen kommen. Beide Lösungen bringen Vorteile und Nachteile.[12] Die alte preußische Praxis, Behördenchefs nicht der Behörde selbst zu entnehmen, hatte ihre guten Gründe. Das darf jedoch den Blick für ihre Nachteile und für die Erwägungen, die für internen Nachwuchs sprechen, nicht trüben.

Wer von außen kommt, ist zunächst ein Fremder und muß seinen Start auf die Rolle als Fremder gründen. Auf ihn treffen jene allgemeinen Rollenmerkmale des Fremden zu, die Simmel[13] beschrieben hat. Er bringt Einstellungen und Erwartungen mit, die nicht unter sozialer Kontrolle der Gruppe gebildet sind. Er ist relativ frei, objektiver und abstrakter ausgerichtet und nicht durch eigene

Vorentscheidungen gebunden. Für ihn ist die Gesamtsituation neu, und das heißt: unstrukturiert. Für seine Umgebung ändert sich lediglich ein Einzelmoment in ihrer Welt. Das ergibt typisch eine unterschiedliche Einstellung zu Neuerungen, die in sich Konfliktstoffe birgt. Ferner darf der neue Chef annehmen, daß alle Neuerungen als seine persönlichen Erfolge gebucht werden.[14] Selten ist in einem organisierten Arbeitszusammenhang sonst so deutlich zu machen, wo das Verdienst liegt. Das alles wird ihn zu Änderungen disponieren. Jedenfalls gehören Unbefangenheit und Pietätlosigkeit gegenüber lokalen Gewohnheiten zu seiner Anfangsrolle. Eine solche Einstellung wird erwartet und trotz aller Vorsicht seine Umgebung skeptisch und zurückhaltend stimmen. Sie hält sich in Verteidigungsbereitschaft.

Fremdheit und mögliche Gegnerschaft beschränken die Kontakte zunächst aufs formal Vorgeschriebene und dienstlich Notwendige, und eventuell auf Versuche, die Gunst des Neuen zu gewinnen. Die Kommunikationen sind daher nicht sehr gehaltvoll. Der Chef erhält typisch nicht die Informationen, die er zu einem informalen Regiment braucht. Er erfährt nur, was er vermutlich schon weiß oder was auf dem Dienst-wege zu ihm kommen muß, nicht aber, was von ihm erwartet wird und was er erwarten kann.[15]

Diese Zurückhaltung von Mitteilungen, die Ver-trauen voraussetzen, kann zu einer Isolierung führen, die die Erwartungsunsicherheit auf bei-den Seiten verschärft. In Amerika sprach man nach dem Einzug der Eisenhower-Verwaltung von einem »hostile native complex« der neuen Chefs.[16] Dem Nachfolger bleibt die Möglichkeit, durch Betonung und Ausbau seiner formalen Kompetenzen zu regieren, auf Durchführung der allgemeinen Regeln und gegebenen Anordnungen zu achten und Widerstand durch Sanktionen zu brechen; oder er kann durch Umbesetzung und Neueinrichtung wichtiger Posten sich eine Umge-bung schaffen, zu der er Vertrauen hat und mit deren Hilfe er die Organisation in die Hand be-kommt.

Wenn der neue Chef der Organisation selbst ent-stammt, ergibt sich eine andere Situation und eine andere Streuung von Vorteilen und Nach-teilen. Zunächst ist die Anfangsrolle eine andere, wenn auch nicht weniger schwierige. Der Nach-folger ist bereits in ein Netz von individualisierten Erwartungen einbezogen. Er ist schon »sozialisiert«, hat schon ein persönliches Gesicht, und man kann unterstellen, daß er weiß, was von ihm erwartet wird. Ihm sind die lokalen Symbole und die nicht eigens explizierten Hintergründe eines Gesprächs geläufig. Man kennt seine Lieblingsthemen und seine Vorurteile und kann daher besser mit ihm reden. Er ist kein Fremder und hat deshalb genug Möglichkeiten, sich zu informieren. Er kann Ansprüche an andere geltend machen, ohne sich formaler Befugnisse zu bedienen.

Andererseits unterliegt er solchen Ansprüchen auf Grund alter Wohltaten, Gefälligkeiten und guter Freundschaft. Ihm fehlen die Freiheiten, die die Rolle als Fremder gewährt. Er muß sich seiner neuen Position entsprechend verhalten, und daher zunächst die Erwartungen enttäuschen, die sich auf seinen alten Status beziehen. Das wird ihm leichter fallen, wenn er schon vorher in der informalen Ordnung hohen Rang besaß und informale Führungsfunktionen wahrnahm, so daß die Ernennung nur noch die Ratifikation einer erwarteten Nachfolge bedeutete.

In der amerikanischen Industrieverwaltung, die

in hohem Maße auf internen Nachwuchs zählt, ist außerdem beobachtet worden, daß der neue Chef häufig die eigene Clique nachzieht. Nicht ein einzelner, eine ganze Gruppe steigt auf.[17] Darin liegen entschiedene Vorteile: Der neue Chef bringt sein altes Führungsinstrument mit und stärkt zugleich seine persönliche Stellung in der Gruppe, die ihm den Aufstieg verdankt. Bezahlt wird diese Lösung gewöhnlich mit einer Verschärfung der Cliquengegensätze in der Organisation. Die systematisch Übergangenen werden unzufrieden und mürrisch. Und an der Spitze bleibt beim nächsten Chefwechsel eine Gruppe von alten Anhängern zurück, die ihren Platz in der Ordnung der Dinge verloren haben und schwer verwendbar sind. Vermutlich organisieren sie den Widerstand gegen den nächsten Chef.[18]

In der öffentlichen Verwaltung wird ein solches Hochziehen der alten Clique schwieriger sein, weil die Personalentscheidungen stärker formalisiert sind. Aber auch hier besteht bei Internbesetzungen eine Tendenz des neuen Chefs, seine alten Bindungen beizubehalten und mit deren Hilfe zu regieren.

Diese Überlegungen lassen offensichtlich keine

allgemeinen Empfehlungen zu. Weder die Besetzung von außen noch die Internbesetzung verdienen allgemein den Vorzug.[19] Beide Lösungen führen zu Vorteilen und zu Nachteilen und sind in ihren Resultaten unvergleichbar. Von der wissenschaftlichen Analyse kann daher nur eine Differenzierung der Folgeprobleme erwartet werden. Und vielleicht ist es auch für den Praktiker fruchtbarer, an Stelle einer theoretisch-richtigen Lösung zu erfahren, auf welche Folgeprobleme er achten muß, wenn er eine der möglichen Lösungen wählt.

4. Ein weiterer Faktor ist die Persönlichkeit des Vorgängers, die Funktionen, die er erfüllt hatte, und sein Verbleib. Die Identität der Position legt einen Vergleich des Nachfolgers mit dem Vorgänger unwiderstehlich nahe, und dieser Vergleich gibt den Erwartungen eine bestimmte Note.

Der Übergang wird erleichtert, wenn ein Nachfolger mit ähnlichen Einstellungen und Gewohnheiten in das Amt eintritt, wenn er derselben Partei angehört, eine gleiche Berufsausbildung besitzt oder eine ähnliche Karriere durchlaufen hat. Die Umstellung wird schwieriger, wenn der Nachfolger als Kontrast zum Vorgänger gewählt wird, wenn der Professor den Geschäftsmann oder der Jurist den Parteipolitiker ablöst. Dann wird ein entsprechendes Kontrastverhalten erwartet und in die Situation hineingelesen. Das allein schon verschiebt die Akzente und Chancen. Die Untergebenen werden natürlich nach Maßgabe ihrer Verhaltenserwartungen Zugang zum neuen Chef suchen. Solchen vorgreifenden Stereotypisierungen kann dieser sich nur schwer und nur langsam entziehen und jedenfalls nur in dem Maße, als er persönlich bekannt und individuell erwartbar wird.

Sehr häufig läßt sich darüber hinaus beobachten, daß solche Kontrasterwartungen zur Verallgemeinerung drängen. Wenn der neue Chef ein anderes Etikett trägt, wird erwartet, daß er in jedem Falle anders entscheidet. Die bisher Unterdrückten schöpfen neue Hoffnung, alte aussichtslose Anliegen werden wieder vorgetragen. Selbst der Vorgänger wird in dieses Schema gepreßt und im Kontrast zu den gegenwärtigen Problemen neu interpretiert. So kommt es zu posthumen Aufwertungen früherer Chefs, für die Gouldner[20] den Ausdruck Rebecca-Mythos geprägt hat.

Außerdem ist wichtig, ob der alte Chef weiterhin auf der Szene oder hinter den Kulissen tätig ist.[21] Wenn er in der gleichen Organisation etwa gar an höherer Stelle beschäftigt wird, liegt das auf der Hand. Aber das ist nicht der einzige Fall. Zum Beispiel werden bei politischem Wechsel in den Ministerien innere Kräfteverschiebungen teilweise dadurch abgefangen, daß die früheren Chefs als Abgeordnete wirksam bleiben. Dieses Moment fehlt im politischen Kräftespiel der Vereinigten Staaten. Das mag einer der Gründe für die weitreichenden personellen und administrativen Rückwirkungen sein, die ein politischer Wechsel der Präsidentschaft dort nach sich zieht.

III.

Neben den erörterten Faktoren spielen sicher noch eine Reihe anderer mit, etwa die Homogenität oder Gespaltenheit der Einstellungen in der Organisation, die Stärke und Richtung des Teilnahmeinteresses ihrer Mitglieder, insbesondere der Umfang, in dem bezahlte Indifferenz bzw. aggressives Einflußsuchen vorherrschen, ferner der Führungsbedarf in der Organisation, ihre Gefährdung durch Außenkräfte und das Ausmaß an Routine in ihren Entscheidungen.

Statt die Untersuchung in dieser Richtung weiter auszubauen und das Problem damit noch weiter aufzusplittern, wollen wir versuchen, es wieder als einheitliches in den Blick zu bekommen. Es ging darum, daß in großen, zweckspezifisch orientierten formalen Organisationen der Wechsel in Führungsrollen nur partiell institutionalisiert ist, daher notwendig manche Probleme offenläßt, Erwartungen entwurzelt, Unsicherheiten schafft und das Bedürfnis weckt, neue Orientierungen zu stabilisieren.

Dabei besteht wenig Gefahr, daß die Störung von Dauer ist, auch wenn sie sich chronisch wiederholt. Es werden sich immer wieder situationsangepaßte neue Erwartungen einleben. Das Problem liegt auch nicht so sehr in den Umstellungskosten, im Leistungsabfall während einer Übergangszeit. Die Gefahr ist vielmehr, daß neue Erwartungen sich nicht in der Linie bilden, die den Zwecken der formalen Organisation entspricht und ihre Führungsstruktur unterstützt, sondern daß sich – eben als Folge des Führungswechsels – eine selbstbezogene informale Organisation absondert, sich Cliquen von Altansässigen bilden, die den Vorgesetzten ausschließen, ihn einspinnen und auf seine formalen Befugnisse reduzieren. Die Untergebenen veranstalten dann eine eigene, perfekt idealisierte Schau mit dem Thema: der sorgfältige, fleißige, überlastete Beamte, bei welcher der Vorgesetzte als Zuschauer behandelt wird.[22] Alle widersprechenden Tatsachen werden ihm verheimlicht, so daß er keinen Ansatz für eine sachliche Kritik findet und jeder Zweifel an der Selbstdarstellung des Untergebenen als stilwidrig und taktlos erscheinen muß.

Trotz einer Fülle von statusbedingten Kontakten tritt dann eine kommunikative Isolierung des Vorgesetzten ein. Die Informationen, die er erhält, werden gefiltert. Seine Entscheidungen bewegen sich in den Bahnen vorgezeichneter Alternativen. Auf Mängel seiner Organisation wird er von außen hingewiesen; wenn er nachfaßt, stößt er auf vorbedachte Erläuterungen und Rechtfertigungen. Er bleibt der prominente Star, weil diese Rolle von der formalen Organisation festgelegt ist; aber über sein Auftreten wird von anderen entschieden. Sein hoher Status wird zur Ratifikation von Entscheidungen, zu zeremoniellen Zwecken, zur Legalisierung problematischer Praktiken und zur Transformation von Systembedürfnissen in externe Ansprüche an die Umwelt benutzt.

Eine solche Ordnung kann durchaus als eine Lösung des Stabilisierungsproblemes angesehen werden, das durch den Führungswechsel entsteht. Sie kann zufriedenstellend arbeiten. Die traditionelle Betrachtung der Organisation als formaler Autoritätshierarchie hat diese Möglichkeit nicht recht zu Geltung und Ansehen kommen lassen. Und während die Kunst der Führung von Untergebenen seit Jahrhunderten diskutiert wird, es darüber Theorien, Systeme, Experimente, Kurse und eine nicht mehr zu übersehende Literatur gibt, hat die Kunst, Vorgesetzte zu lenken, bisher wenig Beachtung gefunden, obwohl sie für die Stabilität eines sozialen Systems in manchen Fällen die wichtigere sein kann.

Selbst wenn man sich von allen Vorurteilen frei macht und die Vorzüge einer solchen Ordnung unbefangen würdigt, ergeben sich doch spezifische Nachteile. Sie liegen besonders in den Außenbeziehungen der Organisation. Es kommt in solchem Fall zu einer gegenüber dem formalen Schaubild beträchtlich verschobenen Ordnung des faktischen Einflusses. Außenstehende sind mit dieser informalen Gewichtsverteilung nicht vertraut und müssen sich nach der formalen Organisation richten. Sie finden daher keinen Zugang zu den wirksamsten Kommunikationswegen. Und die Organisation ihrerseits bekommt Anpassungsschwierigkeiten, weil sie den Erwartungen ihrer Umwelt nicht entspricht. Daher fragt sich, welche Alternativen, welche äquivalenten Problemlösungen es gibt.

Auf eine weitere Möglichkeit waren wir schon gestoßen: Sie besteht in der zunehmenden Bürokratisierung und Formalisierung des Handelns.[23] Der neue Chef kann versuchen, primär mit den Mitteln formaler Organisation zu regieren, ein dichtes Netz allgemeiner Regeln für jeden Fall auszubauen, verläßliche Kontrollen einzurichten und Verstöße zu ahnden. Untergebene werden dabei ohne Rücksicht auf ihre informalen Beziehungen zueinander als Individuen behandelt; denn nur als Individuen können sie verantwortlich gemacht werden. Die informale Ordnung mit all ihren gefühlsmäßigen Bindungen, mit ihren Hilfeleistungen, Gunsterweisen, Informationen, Tauschansprüchen, persönlichen Verpflichtungen und emotionalen Sicherheiten wird dabei nach Möglichkeit reduziert.

Ein solches Handeln entspräche dem Idealtyp unpersönlich-bürokratischer Herrschaft, wie Max Weber ihn gezeichnet hat. Sicherlich ist dieser Führungsstil in kleineren Einheiten mit entsprechenden Aufgaben durchführbar. Man kann ihn nicht, wozu die amerikanische Literatur heute neigt, für schlechtweg verfehlt halten.

Die neuere Organisationsforschung hat indes Zweifel aufkommen lassen, ob in dieser Weise große Organisationen erfolgreich geleitet werden können. Die Annahme, daß gerade große Organisationen formal-bürokratisch verwaltet werden müssen, bedarf zumindest für leitende Tätigkeiten der Überprüfung. Die Probleme der Chefüberlastung, die Unvermeidlichkeit widerspruchsvoller Leistungsstandards, die Mängel der am Zweck-Mittel-Schema und am Befehlsmodell der Autorität orientierten klassischen Organisationslehre, die Vorteile eines persönlich ausgerichteten »natürlichen« Handlungssystems, in dem Takt, Vertrauen, Tausch von Gunsterweisen, Prestigeunterschiede und die feineren Formen gesellschaftlicher Sanktionen das Verhalten steuern – diese und andere Einsichten der jüngsten Forschung dürften das Interesse an einer stärker generalisierten Systemsteuerung wecken.

Neben den Techniken monetärer Lenkung verdient dabei der Ausbau persönlicher Beziehungen des Chefs zu einem engeren Kreis von Untergebenen besondere Aufmerksamkeit. Zwar ist der anfängliche Optimismus der »human relations«-Bewegung einer zunehmenden Skepsis gewichen. Weder hat sich allgemein bestätigen lassen, daß besondere Rücksicht auf persönlich-menschliche Belange die formalen Organisationszwecke fördert, noch waren Versuche, die Leistungsmotivation mit solchen Mitteln zu steigern, besonders erfolgreich.[24] Vielleicht war jedoch die Fragestellung dieser ersten Welle von Beobachtungen und Experimenten noch allzusehr durch die traditionelle Theorie formaler Zweckorganisation und durch das Problem mangelhafter Arbeitsmotivation bestimmt. Es kann schlechterdings nicht erwartet werden, daß gute Behandlung fehlenden Arbeitseifer ersetzt.

Eine andere Frage ist, ob es nicht zu wirksamer Leitung großer Systeme erforderlich ist, daß der Chef gewisse Funktionen in der informalen Arbeitsordnung seiner Untergebenen übernimmt, daß er die Probleme erkennt, die den Arbeitsalltag faktisch beherrschen, daß er sich in den Intrigen, Ansprüchen und Tauschgeschäften zurechtfindet, mit denen Beförderungen, Zuständigkeiten und Zugang zu Informationsquellen verteilt werden, daß er den Sinn brauchbarer Verstöße und Abweichungen versteht und sich in den informalen Statussymbolen und Prestigeunterscheidungen auskennt – und daß er dieses System zu beeinflussen lernt. Ein Vorgesetzter kann wegen seines formalen Status nicht vermeiden, eine Schlüsselfigur in diesem System zu sein. Die Frage ist nur, ob er ohne Wissen und Willen benutzt wird, oder ob er das System beherrscht.

Verhaltensordnungen dieser Art standen bisher im Schatten des Legitimitätsmonopols der formalen Organisation. Ihre Erforschung beginnt erst. Deshalb wäre es voreilig, allgemeine Urteile oder Rezepte zu fixieren. Manches deutet jedoch darauf hin, daß die beiden großen Tendenzen, die heute die Organisationsforschung bestimmen: die soziologische und sozialpsychologische Erforschung faktischen Verhaltens und die Theorie rationaler Systemkontrolle konvergieren; daß ein auf informale Funktionen, auf Leistungen für die informale Ordnung gegründeter Status die Leitung großer Organisationen erleichtert und Möglichkeiten vertrauensvoller Delegation und selektiver Information, kurz Möglichkeiten generalisierter Systemkontrolle eröffnet, die einem rein formal handelnden Vorgesetzten nicht beschieden sind.

Spontane Ordnungsbildung

Der Mensch in der Verwaltung

Die Arbeitswelt: soziale und emotionale Entbehrungen. Jede Organisation besteht aus Handlungen. Kein Mensch kann aber handeln, ohne selbst dabei zu sein. Er bringt sich selbst, seine Persönlichkeit, mit an die Arbeitsstelle. Die Organisation fordert ihm jedoch nur spezifische Leistungen ab. Seine Gefühle und seine Selbstdarstellungsinteressen werden dabei kaum beansprucht. Sie lungern während der Arbeit funktionslos herum und stiften Schaden, wenn sie nicht unter Kontrolle gehalten werden.

Die Arbeit selbst ist rational organisiert. Aber ihre Konsequenz ist nicht die innere Konsequenz des persönlichen Lebens. Daher bleibt der Arbeitende mit dem, was er gerne möchte, oft ungehört; in dem, worin er sein Eigenstes darstellt, ungesehen. Die kühle Indifferenz der Aufnahme wird ihm als Mangel an Gelegenheit und an Erfüllung bewußt. Unter dem Stichwort »Entfremdung« findet man eine ausgedehnte sozialkritische Literatur, die Arbeitsorganisationen nach Symptomen für soziale und emotionale Entbehrungen absucht. Neuere empirische Forschungen über Zufriedenheit am Arbeitsplatz ergeben zwar insgesamt ein erfreulicheres Bild, als man erwarten konnte; aber es läßt sich nicht verkennen, daß hier Gewöhnung eine Rolle spielt, und daß mancher nur deshalb zufrieden ist, weil er einen Fernsehapparat und keine anderen Hoffnungen mehr hat.

Individuum gegen Organisation? Theorie liebt Kontraste. So hatte sie zunächst einen unmittelbaren Gegensatz von Individuum und Organisation unterstellt. Das schien unser Dilemma zu erklären. Starke geistesgeschichtliche Tendenzen des 19. Jahrhunderts, seine Vorliebe für die Dialektik einfacher Begriffe und seine Faszination durch den industriellen Konflikt, haben dieses Denkschema mitgetragen und verfestigt.

Die Hitze des Streites zwischen Individualismus und Kollektivismus hat jedoch diese Problemformel verdampft. Das Einsetzen der empirischen Sozialforschung tat ein übriges, um den Bedarf für vorsichtigere und differenziertere Vorstellungen wachsen zu lassen. Und in dem Maße, wie diese Forschungen, die in Produktionsbetrieben angefangen haben, auch in Verwaltungsbetriebe hineinfassen, wird vollends deutlich, daß es mit einer starren Konfliktstheorie nicht getan ist. Denn sie stellt weder die Elastizität der Organisation noch die Plastizität menschlicher Einstellungen hinreichend in Rechnung.

Humanisierung der Organisation. Zuerst erging die Aufforderung, sich zu ändern, an die Organisation. Ihr wird heute weithin vorgeworfen, das »klassische« Organisationsmodell zu verwenden. Die klassische Organisationslehre hatte in ihrer Motivationstheorie den Menschen als frei wählend vorausgesetzt, und in diesem Sinne als rationales Wesen gedeutet. Sie hatte geglaubt, ihn zu vorgeschriebener Arbeit motivieren zu können, indem sie seinen eigenen, angestammten Motiven fremde hinzufügte, die dem persönlich gewünschten Verhalten widersprachen und den Menschen von dem ihm naheliegenden Verhaltenskurs wegzerrten. Damit hatte diese Theorie Erfolg – allerdings hing der Erfolg hauptsächlich von der Stärke der neuen widersprechenden Motive und der Nähe dieser Motive zum konkreten Verhalten ab. Dem konnte durch raffinierte Lohnsysteme und strenge Aufsicht nachgeholfen werden.

Was bei dieser Betrachtungsweise nicht gesehen wurde, war der Konflikt selbst. Die klassische Theorie der Motivation bedeutet Herrschaft über den Menschen durch Konflikt im Menschen. Erst die stärkere Hinwendung zum faktischen Menschen in den neueren empirischen Verhaltenswissenschaften läßt erkennen, daß dieser Konflikt eine zu große Belastung ist; und daher sind alle neueren Bestrebungen auf Entspannung gerichtet. Psychologie und Psychiatrie, Anthropologie, Sozialpsychologie und Soziologie stellen sich heute den Menschen meist als ein hochkomplexes, durch Selbstbewußtsein und Angst gesteuertes Handlungssystem vor, dessen bewußte und unbewußte Funktionsbedingungen viel Rücksicht auf seiten der Organisation erfordern.

Die neue Humanität der Organisation besteht in ihrer besseren technischen Anpassung an das Faktum Mensch, nicht in einer Aufweichung ihrer Ziele oder ihres Rationalprinzips. Es wurde von ihr erwartet, daß sie ihre Strukturentscheidungen auf die begrenzten rationalen Fähigkeiten des Menschen einstellt, ihn nicht überfordert; daß sie kompensatorische Leistungen, vor allem das viel und freundlich Miteinanderreden, bereitstellt oder doch verständnisvoll toleriert; und daß sie durch eine humanitäre Führungsideologie ein entsprechendes »Betriebsklima« erzeugt, in dem alle sich wohl fühlen – und desto mehr arbeiten.

Anpassungsstrategien des Verwaltungsmenschen. Während die Vorschläge zur Pflege »menschlicher Beziehungen« vor allem im Hinblick auf Produktionsorganisationen entwickelt worden sind, werden die zur Zeit noch spärlichen Forschungen über Anpassungsstrategien des Einzelmenschen ihre Erkenntnisse besser aus Verwaltungsbürokratien beziehen können. Denn der Verwaltungsmensch ist dazu prädestiniert, ein Taktiker zu werden.

Verwaltungen im eigentlichen Sinne sind Betriebe zur Herstellung verbindlicher Entscheidungen. Das Handeln in ihnen und ihr Handeln nach außen besteht im wesentlichen aus Kommunikationen. Kommunikationen aber bieten dem Menschen bessere Chancen des Auftretens und Sich-zur-Geltung-Bringens als rein manuelle Operationen, deren Sinn erst am Ende des Fließbandes in riesigen Stückzahlen gleicher Produkte erscheint. Kommunikationen können (noch) nicht so programmiert und spezialisiert werden, daß Gedächtnis und Kombinationsgeschick des Einzelmenschen bei ihrer Fertigung entbehrlich wären. Deshalb werden sie, selbst wo sie sachlich stilisiert werden müssen, doch auch persönlich zugerechnet.

Somit stellt sich das menschliche Dilemma der industriellen Organisation für die Verwaltung nicht in gleicher Schärfe. Das gilt für öffentliche Verwaltungen ebenso wie für Industrieverwaltungen oder Verbandsverwaltungen. Besonders im gehobenen und höheren Dienst hat der Verwaltungsmensch mehr Möglichkeiten, als Persönlichkeit zu erscheinen, und damit auch mehr Anreiz, seine Persönlichkeit den Bedingungen erfolgreichen Auftretens im Apparat anzupassen. Er kann sich zum Beispiel in der Gewandtheit seiner Routine zeigen, oder in der Betonung der Unpersönlichkeit seines Handelns an den Tag legen, daß er selbst erst nach Dienstschluß sichtbar wird. Er kann den Weg des Statuserwerbs, des Aufstiegs in der Hierarchie wählen, es auf persönliche »Unersetzlichkeit« in bestimmten Leistungszusammenhängen absehen, oder seinen Wein aus den Reben großartiger Sachpläne ziehen, als deren persönlicher Motor er Eingeweihten erkennbar ist. Seine

Chancen sind nicht unbedeutend, aber durch die Organisation doch stets so strukturiert, daß er ein Mindestmaß an formalen Pflichten miterfüllen muß, wenn er seine persönlichen Ziele erreichen will.

Rationalisierung und Selbstdisziplin. Obwohl die Rationalität der Organisation und die innere Logik des persönlichen Lebens ganz verschiedenartigen, nicht aufeinander abgestimmten Systemgesetzen folgen, besteht trotzdem – oder vielleicht gerade deswegen – ein gewisser Spielraum für wechselseitige Anpassung. Dieser Spielraum kann durch mehr Bewußtheit und durch eine strategische Konzeption des Zusammenspiels auf beiden Seiten ausgeweitet werden. Wenn die Organisation ihre Prinzipien und der Mensch seine Gefühle von Zeit zu Zeit kritisch durchmustern, lassen sich abstraktere Verhaltensprämissen und neuartige Verhaltensalternativen entdecken, welche die wechselseitige Anpassung erleichtern.

Daß so etwas geschieht, ist nicht unwahrscheinlich. Wenn man die Verwaltungen hochentwickelter Industriestaaten mit denen von Entwicklungsländern vergleicht, dann erhellt, daß der wichtigste Unterschied im Ausmaß des persönlichen Sicheinlebens auf fremdbestimmte Arbeitsrollen liegt und in dem Umfang, in dem die Umwelt, besonders die eigene Familie, die dazu erforderlichen Einstellungen anerkennt und normativ miterwartet. Der »Fortschritt« besteht in der Institutionalisierung jener bürokratischen Tugenden, welche eine persönlich vertretbare Existenz gestatten, ohne die Eigenrationalität des organisierten Systems unnötig zu blockieren. Das sind zum Beispiel: Ausdrucksvorsicht und Takt; ein weiter Zeithorizont; Sinn für weitläufige, komplexe und indirekte Folgen des eigenen und des fremden Handelns, für den Machtwert, die Statusimplikationen und Präzedenzwirkung aller Ereignisse, für sich ergebende Konsenschancen und für Gewinn durch Umwege; die Wartefähigkeit, insbesondere die Fähigkeit, die Befriedigung eigener Gefühle und Selbstdarstellungsbedürfnisse zurückzustellen, bis der rechte Augenblick dafür gekommen ist; die Fähigkeit zum Aushalten und zum Ausgleich von Spannungen; die innere Bereitschaft, sich mit zweitbesten Lösungen abzufinden und Tatsachen als solche anzuerkennen, besonders wenn über sie entschieden worden ist; und als Voraussetzung all dessen: Selbstdisziplin.

Nebenbei: Die »Modernisierung« des staatsbür-
gerlichen Daseins in Entwicklungsländern ver-
läuft in gleicher Richtung.

Der Mythos der Kleingruppe

Entdeckung der »informalen Organisation«. Unser Bild der Eingliederung des Menschen in die
Organisation findet in der neueren Organisationswissenschaft manche Anhaltspunkte; aber
es ist für sie nicht in vollem Umfange repräsen-
tativ. Viele Theorien und Forschungen benutzen
als Grundlage die Entdeckung der »informalen
Organisation« oder der »informalen Gruppen«
im Betrieb. Sie war das Ergebnis einer großange-
legten Serie von Experimenten, die in den Jahren
1927-1932 von der Business School der Harvard-
Universität in den Hawthorne Werken der We-
stern Electric Company durchgeführt wurden
und deren Auswertung unabschätzbaren Einfluß
auf die weitere Entwicklung der Betriebs- und
Verwaltungssoziologie gewann.
In eine kurze Formel zusammengepreßt, lief der
Befund dieser Studien darauf hinaus, daß in or-

ganisierten Systemen neben der offiziell vorgeschriebenen, amtlichen Organisation eine andere
Sozialordnung besteht, die ihre eigenen Normen
und Institutionen besitzt. Ansätze zu autonomen
Führungsrollen und zu informalen Sanktionen
zeichnen sich ab. Besondere Vorzugsthemen der
Kommunikation, besondere Gesichtspunkte der
wechselseitigen Achtung und eine Art emotio-
naler Logik der Erläuterung der Arbeitssituation,
ihrer Umstände und ihrer Gefahren, dienen dazu,
die geselligen Bedürfnisse der miteinander Arbei-
tenden zu sättigen, ihre gemeinsamen Interessen
zu artikulieren und sozial zu steuern und sie gegenüber der Betriebsleitung zu verteidigen.

Wissenschaftliche Ausbeute. Die neuen Einsichten zerbrachen die bis dahin herrschende
Formel eines Gegensatzes von Individuum und
Kollektiv, auf welche die ältere Organisationslehre ihre Theorie der Motivation durch Lohn
und Strafe gebaut hatte. Es wurde nun klar, daß
die Arbeitsorganisation nicht mit dem sozialen
System gleichgesetzt werden kann, und daß andererseits das widerspenstige Verhalten des In-
dividuums im Betrieb nicht allein individuellen
Motiven entspringt, sondern sozial mindestens

mitdeterminiert ist. So konnte die Soziologie den Betriebszweck und die Mittel zu seiner optimalen Verwirklichung der Betriebswissenschaft überlassen und sich auf das neu entdeckte, abgesonderte Feld der informalen Organisation begeben – eine Arbeitsteilung, die bis heute vorherrscht.

Die theoretische Formel hierfür lieferte zunächst der Gruppenbegriff. Er schien den Zusammenhang all dieser informalen Erscheinungen, die sich nicht aus dem Betriebszweck ableiten ließen, erklären und mit vertrauten, allgemeinen Phänomenen verbinden zu können. In Anlehnung an diesen Ausgangspunkt, aber weit über ihn hinausgreifend, hat sich in den Vereinigten Staaten eine umfangreiche Forschung über kleine Gruppen entwickelt, die von sozialpsychologischen Experimenten über soziologische Rollenverteilungsmodelle bis zu mathematisierbaren Variablenkonstruktionen reicht und mit der Organisationswissenschaft nur noch lose zusammenhängt.

Sozialpolitische Hoffnungen. Sowenig die Fruchtbarkeit der Gruppenforschung in Frage gestellt werden kann, so skeptisch beurteilt man heute die allgemeinen sozialpolitischen Hoffnungen, die der Leiter der Hawthorne Experimente, Elton Mayo, und einige seiner Anhänger und Nachfolger an das Gruppenwesen geknüpft hatten. Mayo hatte gemeint, bei den informalen Gruppen auf die goldhaltige Ader unterirdischer Spontaneität gestoßen zu sein, und gehofft, von dort her der unzulänglichen Arbeitsmoral in der Industrie neue Kräfte zuführen zu können. Wenn nur die Industrie selbst dieses Phänomen bemerken und ihre Organisation darauf einstellen würde, emotional stabilisierte Gruppen zu hegen und zu pflegen, würden diese sich als Keimzellen sozialer Gesundung erweisen.

Ein Grundgedanke dieser Konzeption ist sicher richtig: daß Gruppen sich leichter beeinflussen lassen als Einzelmenschen in ihrer komplizierten und zugleich verhärteten Seelenverfassung. Und fruchtbar waren auch die Impulse zu einer »Humanisierung« der Organisation, die von hier ausgingen. Im übrigen ist dieser weitgespannte Optimismus, der in der kontinentaleuropäischen Berufständebewegung gewisse Parallelen hatte, verflogen.

Kleingruppe und Großorganisation. Die Analogie von Arbeitsgruppe und Intimgruppe trägt nicht sehr weit. In Großorganisationen der Berufsarbeit herrschen besondere Bedingungen der Gruppenbildung, die strukturell vorgegeben sind und nicht geändert werden können, will man nicht die Organisation in eine Gemeinschaft des Wohllebens unter ausgesuchten Freunden verwandeln. Ist dieser Ausweg verschlossen, dann taucht die Frage auf, unter welchen Umständen in einer rational strukturierten Arbeitswelt, die genau definierte Verhaltensanforderungen stellt, sich überhaupt emotional stabilisierte Gruppen bilden und halten können – es sei denn zur Organisation des Widerstandes.

Seit einem richtungweisenden Artikel von William Foote Whyte[1] ist diese Schwäche der Gruppentheorie allgemein bekannt. Weniger bewußt ist, wie tief sie geht. Daß sie bisher nicht behoben werden konnte, liegt am Gruppenbegriff selbst. Dieser bezeichnet herkömmlicherweise eine rein interne Ordnung. Weder Gruppentheorie noch Gruppenexperimente haben der Anpassung von Gruppen an eine schwierige Umwelt bisher hinreichende Aufmerksamkeit geschenkt. Die Großorganisation ist für informale Gruppen, wo es solche gibt, Umwelt. Die Frage, unter welchen

Umständen eine Gruppe eine kämpferische oder eine zweckorientierte und tauschende Form der Anpassung an die Umwelt wählt, ist bisher kaum gestellt, geschweige denn beantwortet worden.

Die besondere Situation der Verwaltung. Zu all diesen Einwendungen kommt noch, daß es höchst unsicher ist, in welchem Umfange sich wirklich informale Gruppen bilden, die diesen Namen verdienen. Jedenfalls scheint in Verwaltungsorganisationen infolge der stärkeren hierarchischen Durchgliederung das Gruppenwesen sehr viel komplizierter verschachtelt und weit weniger gefestigt zu sein, als manche Befunde der amerikanischen Betriebssoziologie vermuten lassen. Wir kommen darauf noch zurück.

Andererseits darf die Skepsis gegenüber dem Gruppenphänomen und seiner faktischen Reichweite nicht dazu verleiten, die Bedeutung der informalen Verhaltensaspekte gerade auch in Verwaltungen zu unterschätzen. Obwohl das verbindliche Entscheiden, jedenfalls in öffentlichen Verwaltungen, stets formal programmiert ist, laufen bei der Vorbereitung der Entscheidungen – und das ist die eigentliche Verwaltungstätigkeit – formale (verantwortliche) und informale (spontane, vorläufige, indirekte) Kommunikationen nebeneinanderher.

Aus den Ergebnissen der betriebssoziologischen Forschung kann man zusammenfassend wenigstens die eine Feststellung auf die Verwaltung übertragen: daß die formalen Verhaltenserwartungen, die jedermann beachten muß, der seine Mitgliedschaft im System fortsetzen will, kein vollständiges Bild ergeben. Sie geben nicht die volle Wirklichkeit des faktischen Verhaltens wieder. Sie sind außerdem für sich allein nicht lebensfähig, wenn nicht spontanes, aber doch sozial geordnetes Verhalten hinzutritt und komplementäre Funktionen erfüllt.[2]

Spontaneität und ihre sozialen Bedingungen

Spontanes, sachbezogenes Handeln. In der neueren Organisationswissenschaft werden die Worte »informal« und »spontan« oft synonym gebraucht, ohne daß viel Mühe darauf verwandt würde, den Begriff der Spontaneität zu erläutern. Das ist bedauerlich, weil die traditionelle, namentlich von der Philosophie und der Psychologie gepflegte Bedeutung dieses Begriffs ihn für unsere Zwecke untauglich macht. Spontan wäre danach ein Handeln, das seine Ursache in sich selbst trägt. Gerade diese Vorstellung des rein individuell zurechenbaren Handelns ist jedoch durch die Entdeckung der »informalen Organisation« überwunden worden.

Mit den Mitteln der neueren Sozialpsychologie und Soziologie läßt sich dieser Begriff der Spontaneität umbilden, wenn man nicht auf die Ursachen, sondern auf den Grad an Reflektiertheit des Handelns abstellt. Ein Mensch handelt spontan in dem Maße, als er sich ausschließlich am Sinn seines Handelns in einer bestimmten Situation orientiert und sich nicht um die Zustimmung anderer oder um den Eindruck kümmert, den er als Person auf sie macht. Spontanes Handeln ist sachbezogenes, sozial unerwogenes Handeln. Es kann sich nur in Situationen entfalten, in denen Konsens gewährleistet ist, in denen Vertrauen besteht, daß man schon richtig verstanden wird, in denen besondere Vorsichten und Rücksichten entbehrlich sind, weil man sich nicht blamieren wird. Spontanes Handeln gedeiht deshalb nur, wenn gewisse soziale Vorbedingungen erfüllt sind, zu deren Erforschung sich eine eigene Wissenschaft, die Soziometrie, gebildet hat.

Durch die Strukturentscheidungen einer organisierten Verwaltung ist dem spontanen Handeln ein besonderer sozialer Rahmen gezogen. Seine beiden wichtigsten Merkmale sind: die Spezifikation und Reguliertheit von Konsenspflichten und der Dauercharakter der zwischenmenschlichen Beziehungen.

Begrenzter und regulierter Konsens. In Verwaltungen herrscht nicht, wie in Familien oder Freundeskreisen, die Erwartung, daß eigentlich über jedes beliebige Thema Konsens erzielt werden müßte. Vielmehr ist genau geregelt, was ein Mitarbeiter anerkennen muß und in welchem Verfahren jene Auffassungen formuliert werden, denen jedermann zuzustimmen hat.

Die Sicherheit, daß innerhalb des so erfaßten Themenkreises eine zustimmungspflichtige Entscheidung gefunden werden wird, zusammen mit der Voraussehbarkeit des Ablaufs der Entscheidungsfertigung ermöglichen ein hohes Maß an Spontaneität in der täglichen formalen und informalen Zusammenarbeit. Niemand braucht zu fürchten, daß sein Partner plötzlich die Zähne fletscht, anzügliche Scherze macht oder unannehmbare persönliche Wünsche äußert, die zurückzuweisen peinlich ist. Gegen solche Überraschungen ist man durch den institutionellen Rahmen des Kontaktes geschützt – allerdings um den Preis, daß man sich selbst an dieses Gesetz der Rollenspezifikation hält, seinerseits kapriziöse Einfälle unterdrückt und nicht so naiv ist, ungemildert darzustellen, wie einem wirklich zumute ist.

Unter diesen Bedingungen wird die Spontaneität rollenspezifisch eingegrenzt. Dadurch verliert sie an Ursprünglichkeit und Glaubwürdigkeit; denn man kann zwar pflichtmäßig sachbezogen handeln, aber es ist nicht so einfach, pflichtmäßig spontan zu handeln. Der Verdacht auf Hintergründe und zweite Absichten ist in der Verwaltung – zu Recht und zu Unrecht – weit verbreitet.

Pflicht zur Fortsetzung des Kontaktes. Fast noch wichtiger ist die Modifikation der natürlichen Spontaneität durch den Dauercharakter des Kontaktes. In Intimgruppen festigt Dauer die Beziehung. In Verwaltungen, in denen die Teilnehmer um ihrer Mitgliedschaft willen rollenspezifisch zusammenarbeiten, ist die Fortsetzung der Kontakte nicht durch ihre Annehmlichkeit motiviert, und daher ein Problem. Man muß zusammenarbeiten, wenn man Mitglied bleiben will; und man trifft sich unter veränderten Umständen und in wechselnden Abhängigkeiten wieder. Es herrscht das Gesetz des Wiedersehens. So ist Vorsicht am Platze und Reflektion auf das, was der Beziehung schaden könnte.

Es kann trotzdem zu vertrauensvollem, relativ freimütigem Verkehr aufgrund guter persönlicher Bekanntschaft kommen, doch nicht ohne daß im Hintergrund das Bewußtsein mitschwingt, auch ohne dieses gute Einvernehmen zusammenarbeiten zu müssen. Der institutionelle Rahmen stellt sicher, daß auch Gegner kooperieren können; er bricht dadurch zugleich die Spontaneität, mit der Freunde zusammenarbeiten könnten.

Ausdrucksstil des Verwaltungshandelns. Die sozialen Rahmenbedingungen der Spontaneität finden sich im Ausdrucksstil des Verwaltungshandelns wieder. Es ist vor allem ernsthaftes Handeln, bis in die nichtmitgezeigten Hintergedanken hinein. Es gibt sich als gebunden an spezifische Aufgaben und vorliegende Entscheidungsthemen, aber doch als umsichtig und beziehungsreich, als spontan interessiert, aber doch als reflektiert zu erkennen; Befangenheit und Unbefangenheit werden gleichermaßen negiert. Und es stellt sich als voll verbalisierbar dar, obwohl jedermann weiß, daß nichtformulierte Motive mitspielen. So fordert es immer wieder Mißtrauen heraus.

Andererseits führt die Benutzung dieses Verhaltensstils durch alle Verwaltungsmitglieder zu einer Art Selbstverpflichtung, in die der Neuling rasch hineinwächst. Das macht es möglich, der Verwaltung höchst komplizierte Aufgaben der Informationsverarbeitung zu stellen, ohne die persönlichen Eigenschaften, Interessen und Ausdrucksgepflogenheiten der Handelnden in Rechnung stellen zu müssen.

Kollegialität

Aufgabenerfüllung und Darstellung des Systems. Reflektierte Spontaneität zeigt sich nicht nur am expressiven Stil der Kommunikation. Sie trägt auch den Aufbau zahlreicher Nebeninstitutionen, welche die Zusammenarbeit in Verwaltungen ermöglichen oder erleichtern, aber nicht direkt als Mittel zu ihrem Zweck gerechtfertigt werden können.

Die Erfüllung der Aufgaben ist eine Sache für sich. Dazu kann man innerhalb gewisser Grenzen jederzeit die notwendigen Mittel anfordern: Papier, Personal, Geld. Daneben gibt es jedoch Probleme der Zusammenarbeit, die nicht auf diese offizielle Weise ausgewiesen und gelöst werden können. Die Aufgaben bilden die legitime Außenseite der Verwaltung; aber sie enthalten eine einseitige Auswahl von Erwartungen und Fakten und geben nicht die volle Wirklichkeit des konkreten Erlebens und Handelns wieder. Sie werden, wie aller Außenverkehr, stilisiert. Bereits ihre Darstellung erfordert Handlungen, die nicht mitgezeigt werden können, zum Beispiel all die Bemühungen, welche auf die Überzeugungskraft der Kommunikationen selbst, auf das Verbergen von Schwächen und Fehlern oder auf das Überwinden innerer Meinungsverschiedenheiten verwandt werden mußten. Mit Recht charakterisiert ein englischer Beobachter[3] die Formulierung von Antworten auf parlamentarische Anfragen als »höchste Beispiele einer Kunst, die sich selbst verbirgt. Würden sie öffentlich als Meisterwerke erkannt werden, wären sie es nicht.«

Um die Außenansicht steuern zu können, ist eine Innenansicht erforderlich, in deren Perspektive entschieden werden kann, was sichtbar werden darf und was nicht. Träger dieser Differenz ist die Kollegenschaft. Kollegen erwarten voneinander, auch wenn sie sich nicht näher kennen, ein gewisses Eingeweihtsein und ein Handeln, das der Innen/Außen-Differenz verständnisvoll Rechnung trägt. Diese Einstellung ist ein Grundgesetz interner Kooperation und als solche institutionalisiert. Sie setzt keine Gruppenbildung voraus.

Erleichterungen und Schranken der Kommunikation. Wichtigstes Gebot kollegialer Kooperation ist eine Sprachregelung. Kommunikationen, die nach außen gerichtet sind oder doch außer Kontrolle geraten können, müssen gefiltert werden. Die bürokratische Schriftsprache macht amtliche Mitteilungen sicher und rechenschaftsfähig. Intern ist eine freiere Ausdrucksweise möglich, in welcher über die Anfertigung solcher Kommunikationen gesprochen werden kann. Sie erlaubt eine rasche, praktische und umfassende Verständigung vor der formalen Entscheidung und wird dadurch zu einem wesentlichen Element rationaler, hochqualifizierter Entscheidungstätigkeit, obwohl und weil nicht alles, was gesagt wird, auch geschrieben werden kann. Die schriftliche Mitteilung dient dann nur noch dazu, das gefundene Ergebnis zu ratifizieren und die Akten in Ordnung zu bringen.

Solche Differenzierung der Sprache, die unfreundlichen Beobachtern als doppelte Moral erscheinen mag, setzt kollegiales Vertrauen voraus, Vertrauen in die Bereitschaft, aber auch in die Fähigkeit des Kollegen, die gebotenen Kommunikationsschranken zu beachten. Loyalität, Diskretion und Ausdrucksvorsicht sind als kollegiale Erwartungen institutionalisiert. Wer sich nicht daran halten kann oder will, wird auf die Hungerration rein formaler, jedenfalls unschädlicher Information gesetzt und dadurch in seiner Aktionsfähigkeit und seinem Einflußpotential erheblich beschnitten.

Gleichheit als Rangfrage. Unterversorgung mit Informationen ist häufig das Schicksal des Vorgesetzten, der bestenfalls halber Kollege ist. Seine Loyalität und Diskretion sind mit rein kollegialen

Mitteln schwer zu sichern, seine weiterreichenden Kommunikationen schwer zu kontrollieren, und deshalb ist im Verkehr mit ihm vorsichtige Zurückhaltung angebracht – besonders wenn er die unter Kollegen nicht übliche Anrede »Herr Kollege« benutzt, um durch die Art, wie er Gleichheit betont, Ungleichheit zu demonstrieren. Immerhin bringen geschicktere Vorgesetzte es durchaus fertig, im Wechsel der Situationen die Rollen des Vorgesetzten und des Kollegen nebeneinander zu spielen, wenn auch nicht gleichzeitig. Sie haben ihre zugänglichen Stunden, in denen ihr Vorgesetztendasein gleichsam eine latente Phase durchläuft und eine offenherzige Aussprache wie unter Kollegen möglich ist.

Ranggleichheit ist ein wesentliches Element des kollegialen Stils. Sie darf nicht mit Indifferenz gegen Rangfragen verwechselt werden, die in einer hierarchisch strukturierten Ordnung niemand ungestraft sich leisten kann. Gleichheit ist die empfindlichste von allen Rangbeziehungen und muß daher mit besonderer Sorgfalt gehütet werden. Die Eindeutigkeit der hierarchischen Ordnung des offiziellen Ranges erleichtert das Erkennen und Behandeln gleichrangiger Kollegen und umgekehrt schützt die Institutionalisierung der kollegialen Gleichheit die formale Hierarchie gegen eine Konkurrenz, die sich ihren Regeln nicht fügt. Wer einen Vorrang vor Kollegen erwerben will, muß sich um eine Beförderung, und nicht nur um besondere Leistung, bemühen.

Erhaltung der Selbstachtung. Die Gleichheit unter Kollegen und eine gewisse Abschirmung der kollegialen Beziehung gegen Einblick von außen legen es nahe, die Maßstäbe für Achtung und Selbstachtung im Kollegenkreis zu suchen. Man vergleicht sich nicht mit Vorgesetzten oder Untergebenen, die der Rangunterschied in eine andere Sphäre entrückt; hat doch die Rangdifferenz gerade den Sinn, von einer Leistungskonkurrenz gegen Überlegene zu entlasten. Das Muster für die Festsetzung des eigenen Anspruchsniveaus geben Fähigkeit und Leistungen der Kollegen. Daher ist die Achtung der Kollegen und der Austausch wechselseitiger Achtungserweise für die Erhaltung und Steigerung der Selbstachtung die solideste Grundlage.[4]

Eine gewisse Gefahr für das kollegiale Achtungszeremoniell entspringt der Tatsache, daß die Achtung des Vorgesetzten praktisch so unendlich viel wichtiger ist als die Achtung einzelner Kollegen. Wer sich beim Vorgesetzten gut angeschrieben weiß, ist der Versuchung ausgesetzt, seine Unabhängigkeit von der Achtung seiner Kollegen allzu deutlich werden zu lassen. Um dem vorzubeugen, sind gute Manieren wichtig und ein Berufsethos, das die Kollegen von zu scharfer Konkurrenz um die Gunst des Vorgesetzten abhält.

Absonderung von Kleingruppen

Arbeitskontakte. Jene Komponenten des kollegialen Verhaltens, von denen wir gesprochen haben: Loyalität, Ausdrucksvorsicht und, in deren Rahmen, kommunikative Offenheit, Wahrung der Gleichheit, wechselseitige Achtung und berufsethische Drosselung der Konkurrenz, sind Bestandteile einer allgemeinen Rolle, die auf die Folgeprobleme organisierter Zusammenarbeit bezogen ist, ohne sich aus dem Organisationszweck ableiten zu lassen. Mit der Institutionalisierung der Kollegenrolle ist die spontane Ordnungsbildung jedoch nicht erschöpft.

Daneben bringt die tägliche Zusammenarbeit

soziale Bindungen besonderer Art hervor. Hier wirkt sich das oben schon behandelte Gesetz des Wiedersehens aus. Jeder menschliche Kontakt erfordert eine gewisse Selbstdarstellung der Teilnehmer. Sie sagen in ihrem Handeln, Stellungnehmen, Entscheiden unvermeidlich etwas über sich selbst aus und legen sich damit vor Partnern, die ein Gedächtnis haben, auf bestimmte Ansichten oder Qualitäten fest. Wiederholte Kontakte festigen auf diese Weise im Laufe der Zeit soziale Beziehungen, an die sich Kontinuitätserwartungen knüpfen, kleine Systeme mit eigenen Normen, darunter in der Hauptsache der: so zu bleiben, wie man sich gezeigt hat.

Kontaktsysteme verdichten das allgemeine Verhältnis guter Kollegialität zu engeren Arbeitsbeziehungen. Die Beteiligten kennen einander persönlich, können sich unter Umgehung persönlicher Empfindlichkeiten oder heikler Punkte der Vergangenheit rasch verständigen, durch Andeutungen komplizierte Hintergründe des Arbeitsthemas heranholen und darauf vertrauen, daß der andere gutgemeinte Kritik richtig verstehen wird. Solche Beziehungen sind als Daseins- und Arbeitserleichterung von Wert, auch wenn, wie zumeist, weder Wärme noch Gefühl, noch Berührungen im Intimbereich zustande kommen. Man kann erwarten, daß für ihre Erhaltung etwas getan wird, daß die Partner mit Rücksicht auf die gute Beziehung ein bißchen anders handeln, als sie es rein von der Sache her tun würden. Das Deckunggeben, der Austausch von Neuigkeiten, die gemeinsame Verteidigung gegen drohende Neuerungen sind darin eingeschlossen.

Persönliche Beziehungen. Persönliche Beziehungen können Arbeitskontakte überdauern, wenn sie zum Beispiel durch Versetzung oder Beförderung zerrissen werden. Oft liegt ihre Basis auch ganz außerhalb der Verwaltung: in gemeinsamer Schulzeit, Corpsbrüderschaft, Kriegsgefangenschaft, im Tennisspiel oder darin, daß die Gärten aneinandergrenzen.

Verbindungen, die über die Nahwelt der täglichen Arbeit hinausreichen, haben einen ähnlichen Charakter, aber eine ganz andere Funktion als die guten Arbeitsbeziehungen. Nicht im Täglichen, sondern im Außergewöhnlichen liegt ihr Sinn. Sie dienen der Umgehung formal vorgeschriebener Kommunikationswege, insbesondere des Dienstwegs, indem sie es ermöglichen, auf nicht vorgesehene Weise in fremden Behörden Figuren anzufassen und zu bewegen.

Solchen Kurzschaltungen haftet etwas Illegales an, da sie nicht zum allgemeinen Gesetz erhoben werden können. Aber es läßt sich nicht bestreiten, daß auf diesem Wege in Not- und Eilfällen manches zur Korrektur einer allzu schwerflüssigen Sachbearbeitung getan werden kann. Deshalb wird ein Mitarbeiter, der über Beziehungen verfügt, oft als ein Gewinn für seine nähere Umgebung gebucht, zumal wenn die Beziehungen in die Höhe oder ins Politische reichen. Da man ihn jedoch nicht zwingen kann, seine Beziehungen in den Dienst der Sache zu stellen, kann er für seine Bereitwilligkeit etwas verlangen, und sei es nur besondere Achtung und Dankbarkeit.

Organisierte Arbeitsgruppen und Cliquen. Expressiver Stil, allgemeine Kollegialität, gute Arbeitskontakte und Beziehungen sind Stufen der Verdichtung spontaner Reaktion auf die Verhaltensbedingungen, die der Mensch in Verwaltungen vorfindet. Sie können noch überboten werden durch Bildung von Gruppen, die jeweils nur einen Teil der Mitglieder einer Verwaltung erfassen, zusammenschließen und gegen die übrigen absetzen. Die Bildungen der »informalen Organisation« wirken nicht einheitlich für oder gegen den Organisationszweck; sie tragen widerspruchsvolle Tendenzen in sich.

Das Verständnis des Gruppenwesens wird erleichtert, wenn man zwischen organisierten Arbeitsgruppen und Cliquen unterscheidet. Jede Verwaltung ist in sich gegliedert. Sie bildet kleinere Einheiten: Abteilungen, Referatsgruppen, Großdezernate, deren Angehörige sich kraft formaler Organisation als zusammengehörig verstehen. Cliquen sind freiere, kühnere Bildungen. Sie machen sich von den Kästchen des Organisationsplanes unabhängig und fassen Personen aus den verschiedensten Arbeits- und Rangsphären zu einer Interessengemeinschaft zusammen. Feste Cliquen sind relativ selten. Zumeist findet man nur Ansätze zu wirklichem Zusammenhalt – und übertriebene Befürchtungen in der Phantasie ihrer Gegner.

Bezugsprobleme der Cliquenbildung: Unzufriedenheit und Taktik. Weil den Cliquen das Korsett der formalen Organisation fehlt, müssen andere Motive den Zusammenschluß begründen. Solche Motive werden nicht beliebig gewählt; sie schließen dicht an Folgeprobleme formaler Organisation an.

Cliquen gruppieren sich um Gefahren und Chancen des organisierten Zusammenlebens. In Verwaltungen beherrschen namentlich zwei Bedürfnisse die Cliquenbildung: das Bedürfnis nach Ausdruck von Unzufriedenheit und das Bedürfnis nach taktischer Förderung von Mitgliederinteressen. Je nachdem, in welchem Bedürfnis die Clique ihren Schwerpunkt hat, lassen sich unzufriedene und taktische Cliquen unterscheiden.

Unzufriedene Cliquen verarbeiten negative Eindrücke und persönliche Enttäuschungen des Verwaltungslebens in einer Art gehobenem Klatsch. Ihre Mitglieder tragen dazu laufend neuen Stoff und vor allem Konsens bei. So kann wer nicht befördert wird gleichwohl in engeren Zirkeln lebendig bleiben und seinen Mißmut auf relativ unschädliche Weise abladen.

Während unzufriedene Cliquen nach außen kaum Ambitionen oder gar kämpferische Neigungen zeigen, finden taktische Cliquen ihren Zusammenhalt in einer aktiven Förderung wechselseitiger Interessen, besonders im Austausch nützlicher Informationen und in der Ausnutzung persönlicher Beziehungen füreinander. Sie legen auf Prominenz und Verhandlungsfähigkeit ihrer Mitglieder Wert und haben eine gewisse innere Struktur, die es in manchen Fällen möglich macht, sie in Verhandlungen mit ihren Führern wie eine Einheit zu behandeln.

Ansätze zur gruppeneigenen Ordnung

Zugehörigkeitsbewußtsein und Mitgliederwechsel. Auf weite Sicht wird die Theorie vermutlich guttun, den Gruppenbegriff durch den Begriff des Kontaktsystems zu ersetzen, der auch persönliche Beziehungen, ja selbst Einzelsituationen wie Konferenzen, Kontrollgänge oder zeremonielle Auftritte in ihrer spontanen Eigengesetzlichkeit und in den besonderen Bedingungen ihres Gelingens und Mißlingens erfassen könnte. Gleichwohl sind Gruppen im engeren Sinne ein eigenes Phänomen. Ihre Besonderheit besteht darin, daß sie im täglichen Leben als soziale Einheit bewußt werden. Die bewußte Orientierung an Gruppen bildet sich in zwei Stufen aus: einmal dadurch, daß einige Personen zu den Mitgliedern der Gruppe zählen und andere nicht; zum anderen dadurch, daß die Gruppe erhalten bleibt, auch wenn ihre Mitglieder nach und nach wechseln.

Gruppen in der Verwaltung erfüllen diese Voraussetzungen nur zum Teil und in wechselndem Ausmaß. Arbeitsgruppen erhalten durch die formale Organisation eindeutige Mitgliedschaftskriterien und Fortbestand trotz Mitgliederwechsel garantiert. Sie sind Gruppen im Vollsinne, können aber trotzdem über die Mitgliedschaft selbst nicht verfügen und sind dadurch in der Möglichkeit, eigene Normen zu setzen und durchzusetzen, stark behindert. Cliquen können selten ein vollgültiges Gruppenbewußtsein erreichen, das sich von der Orientierung an konkreten Personen ablöst. Sie haben keinen Namen. Ihre Grenzen sind unscharf gezogen. An einige Mitglieder denkt man sofort, wenn die Clique im Blickfeld steht. Bei anderen ist Art und Ausmaß der Teilnahme ungewiß; sie werden in manchen Situationen dazugerechnet, in anderen nicht. Auch überlebt die Clique selten den Verlust ihrer prominenten, triebkräftigen Mitglieder, und Neuankömmlinge können den Charakter der Clique so ändern, daß sie nicht mehr als dieselbe gelten kann.

Normbildung. Jedes Mitglied der Verwaltung muß die offiziell geltenden Normen respektieren, wenn nicht sogar befolgen, weil es sonst seine Mitgliedschaft riskiert. Daneben gibt es in Kontaktsystemen aller Art, besonders aber in Arbeitsgruppen und Cliquen, spontan gebildete Normen, die regeln, was man im formal nicht festgelegten Verhaltensbereich voneinander erwarten kann: Normen des guten Tons und der wechselseitigen Hilfe und ihrer Grenzen, Normen gegen Angeberei, gegen Verrat von besonderen Geheimnissen, gegen zu viel und gegen zu wenig Arbeit, Normen, die bestimmen, bis zu welchen Schwellen man informal und unverbindlich verhandelt, wann und wie man sich wechselseitig vor Fehlern und Gefahren warnt, wann man von unangenehmen Tatsachen »Kenntnis nehmen« muß, ob und bis zu welchem Ausmaß man fremde Entwürfe ohne Rückfrage korrigieren darf, und andere bis in die kleinsten Details der Zusammenarbeit gehende Regeln. Diese Normen sind durch eine Art oberstes informales Gesetz mit der formalen Ordnung rückverbunden. Es lautet: daß man es niemandem verübeln darf, wenn er sein Verhalten formal absichert.

Solche spontan gebildeten Normen finden sich in jeder Verwaltung. Sie sind in ihrer Geltungskraft jedoch dadurch behindert, daß die amtlich geltenden Normen ein Monopol auf Legitimität in Anspruch nehmen. Die informalen Normen können nicht aufgeschrieben werden. Und schlimmer noch: Die Gruppen, die sie tragen, können nicht über die Mitgliedschaft im System disponieren. Sie können den, der ihre Normen verachtet und boykottiert, nicht wirksam aus ihrem Arbeitsbereich entfernen, wenn er sich formal nichts zuschulden kommen läßt. Sie können ihm die kollegiale Unterstützung oder die Vorteile einer Cliquenmitgliedschaft entziehen und gegen ihn intrigieren; aber das hilft wenig, wenn es ein tüchtiger oder gut gesicherter Mann ist.

Prominenz und Führung. Wie bei den normativen Verhaltenserwartungen, so gibt es auch in Rangfragen jenen Unterschied von entscheidungsmäßiger und spontaner Begründung, von formaler und informaler Geltung. Die amtliche Rangordnung ist durch die Stellenhierarchie strukturiert. Jeder hat in ihr seinen festen Platz, der nur durch Entscheidung geändert werden kann. Daneben gibt es, wie in allen zwischenmenschlichen Beziehungen, auch in der Verwaltung ein elementares Rangspiel, das in die wenigen klargeschnittenen Stufen der Hierarchie eine Fülle von fein nuancierten Zwischenrängen einmeißelt.

Elementarer Rang bildet sich im Kampf um die Situationsherrschaft aus. Manche Menschen rükken durch Begabung oder Umstände, Herkunft oder Zufall in den Mittelpunkt der Situation, stehen im Blickpunkt der anderen Teilnehmer und sind so in der Lage, den Charakter der Situation zu definieren und den übrigen Teilnehmern die darin implizierten Rollen zuzuweisen. Bei längerer Zusammenarbeit wird ein Ranggefälle dieser Art sozial sichtbar und von den Beteiligten erwartet. Gruppen tendieren dann dazu, den prominenten Rangträgern zugleich informale Führungs- und Entscheidungsfunktionen aufzutragen, wodurch sie eine Rolle erhalten, die ihren Rang festigt.

Nicht daß sie sich immer durchsetzen können. Ihnen fehlt typisch die anerkannte Entscheidungskompetenz einer monokratischen Rolle. Autorität und Gehorsam sind nicht, wie in der formalen Organisation, als Mitgliedschaftsbedingungen fixiert. Es kommt immer wieder vor, daß in besonderen Lagen Randpersonen infolge ihres Informationsbesitzes oder ihrer besonderen Beziehungen zugkräftiger agieren können. Natürlich behindert auch die kollegiale Gleichheit Machtballungen bei informalen Führern. Und schließlich wird in der Verwaltung dank vielfältiger Aufstiegsmöglichkeiten eine sich deutlich abhebende informale Prominenz sehr rasch formal rezipiert, befördert und dadurch auf höherer Stufe wieder eingeebnet. Anders als in Produktionsorganisationen, wo diese Gesichtspunkte weit weniger zutreffen, gibt es in Verwaltungen wenig dauerhafte informale Führung, sondern Führung in Gruppen stützt sich vielfach auch auf formalen Rang.

Sorgfalt im Außenverkehr der Gruppe. Ein Einzelthema der spontanen Normbildung verdient Hervorhebung: die Sorgfalt im Außenverkehr der Gruppen miteinander. Wir hatten ein ähnliches Gebot guter Kollegialität in bezug auf die Außengrenzen der Verwaltung schon erwähnt. Hier finden wir das gleiche Problem an den Innengrenzen der Verwaltung wieder.

Auch Arbeitsgruppen und Cliquen haben ihre Darstellungsprobleme, namentlich dort, wo sie, um ihr Leben erträglich gestalten zu können, von formalen Normen abweichen müssen. Dann kommt es darauf an, daß Kommunikationen an nicht besonders vertrauenswürdige Kollegen oder gar an Vorgesetzte durch ein besonderes Sieb laufen.

Solche internen Kommunikationsfilter werden meist bekämpft, weil sie den rückhaltlosen Gedankenaustausch vor der offiziellen Entscheidung behindern. Die Wirklichkeit gibt jedoch zu denken. Es könnte durchaus sein, daß jedes Sozialsystem, um lebensfähig zu bleiben, mehr Informationen besitzen muß, als es integrieren und legitimieren kann – so wie ja auch der Einzelmensch durch unbewußte Prozesse der Verdrängung dafür sorgt, daß gewisse Informationen, die er besitzt und benutzt, anderen Teilen seiner Persönlichkeit nicht zugänglich werden.

Grenzen der Konsolidierung. Gegenüber unbezweckten, informalen Gebilden behält die formale Organisation das Heft gleichwohl in der Hand, weil sie die entscheidenden Normen setzt, deren Anerkennung von jedem Mitglied verlangt werden kann, will es Mitglied sein und bleiben. Die formale Organisation verfügt über das wichtigste Instrument der Durchsetzung eines geschlossenen Normgebäudes: über die Eintritts- und Austrittsentscheidungen.

Gruppen, die in ihrem Interessenbereich nicht wirksam über Mitgliedschaften disponieren können, sondern mit Personen kooperieren müssen, die ihre Normen verletzen und durch Mißachtung diskreditieren, finden sich von vornherein mit beschnittenen Flügeln auf der Welt. Sie können die Mitgliedschaftsvorteile nicht kontrollieren, die den Einzelnen zum Kommen und Gehen veranlassen. Daher können sie auch nicht als Gruppen aus der Verwaltung »austreten«, wie dies bei Vereinen möglich ist. Sie sind nicht einmal in der Lage, ihren Verhaltenserwartungen die scharfe Kontur einer festgelegten Prämisse für Eintritts- und Austrittsentscheidungen zu geben. Daher fehlt ihren Normen, ihrer Rollenverteilung und ihren Sanktionen die Kraft für den Konfliktsfall. Man fügt sich ihren Erwartungen um der Bequemlichkeit und um des lieben Friedens willen oder, weil man die Gruppe als ein sinnvolles Arbeitsmittel benutzen will; dies alles aber nur, weil und solange man aus anderen Gründen Mitglied der Verwaltung ist.

Funktionen der spontanen Ordnung

Kein eindeutiger Bezug zu den Amtsaufgaben.
Wir hatten die Amtsaufgaben bereits oben als
Ausschnitt aus der vollen Wirklichkeit des Erwartens und Handelns in einer Verwaltung bezeichnet. Die spontane Ordnung dient der Einfügung
dieses Ausschnitts in das Ganze eines kooperativen Systems menschlichen Handelns.
Die klassische Organisationslehre hatte geglaubt,
alles, was zur Durchführung von Aufgaben nötig
ist, als Mittel bezeichnen und ihnen damit unterordnen zu können. Das ist rein logisch korrekt,
aber für das Verständnis des faktischen Verhaltens in Organisationen wenig ergiebig und damit
wissenschaftlich unbefriedigend. Menschliche
Zusammenarbeit muß, soll sie gelingen und in
einem System dauerhafter Kooperation Bestand
gewinnen, sehr komplexen Anforderungen genügen, die nicht auf eine einzige Zweckformel
gebracht werden können. Es kann durchaus
sinnvoll sein, einen Einzelzweck oder eine zusammenhängende Gruppe von Aufgaben als Prinzip
einer Organisation zu proklamieren und dem
nachzustreben, aber das verdunkelt zugleich, daß

damit unvereinbare Bedürfnisse mitbefriedigt werden müssen. So ist das Zweckprinzip zwar eine Norm des Verwaltungshandelns, bietet aber keine Theorie der Verwaltungswirklichkeit.

Die Funktionen der spontanen Ordnung in Verwaltungssystemen können nicht als Mittel zum Zweck begriffen werden. Spontane Verhaltensordnungen heften sich an die Folgeprobleme, die entstehen, wenn Menschen unter die Anspannung einer einseitigen Orientierung auf ganz spezifische Leistungen gestellt werden und unter solchen Bedingungen kooperieren müssen. Bürokratien, die nicht unter so scharfen Leistungsanforderungen standen wie die Verwaltung von Industriestaaten, sondern nur ihr eigenes Sozialprestige verwalteten, etwa die Bürokratie des älteren Siam, fühlten sich im formalen Handeln so wohl, daß sie keine informalen Ordnungen benötigten. Dieser Vergleich erweist im Umkehrschluß, daß wir im formalen Verhalten und seinen Sozialordnungen Kompensationsvorgänge eines einseitig belasteten, rational strukturierten Leistungssystems vor uns haben.

Erfüllung nichtlegitimierbarer Aufgaben. Spontane Handlungen eignen sich, da ihr Sinn nicht oder nur in vertraulichen Beziehungen expliziert wird, zur Lösung von Folgeproblemen, die sich aus den amtlichen Aufgaben zwar unvermeidlich ergeben, aber mit ihren Idealen nicht in Einklang stehen. Sie werden als Verhaltensschwierigkeiten, als Geheimrezepte oder geschäftserleichternde Kunstgriffe, häufig auch als »Eigenschaften« von Personen oder von Berufsgruppen, etwa der Juristen, der Bürobeamten, der Städteplaner, bewußt, treten also in mehr oder weniger verzerrter, undurchsichtiger Form vor Augen. Die Funktionen des spontanen Handelns, das täglich mit solchen scheinbar unnötigen Belastungen zu ringen hat, bleiben zumeist latent – wodurch die geltende Ideologie der Amtsaufgaben geschützt wird.

Wenn man diese latenten Funktionen des spontanen Handelns aufzudecken sucht, treten im wesentlichen zwei Gründe ans Licht, denen wir bereits begegnet sind: die Diskrepanz von Aufgabenerfüllung und Systemdarstellung und die Diskrepanz von Organisationsinteressen und Persönlichkeitsinteressen.

Absorption von Unsicherheit. Die Anfertigung guter Entscheidungen setzt intensivere Kommunikationen voraus, als im Entscheidungstext selbst sichtbar gemacht werden können. Deshalb reichen die Wege formaler Kommunikation, die eigentlich nur aus Ketten vollverantwortlicher Zwischenentscheidungen bestehen, für eine wirkliche Kooperation an schwierigen Entscheidungen nicht aus. Das Gespräch ist ein unentbehrliches Verwaltungsmittel. Die Lebendigkeit und Produktivität eines Gesprächs hängen aber nicht nur von dem Informationsbesitz, der Intelligenz und der Ausdrucksgewandtheit der Partner ab; sie sind darüber hinaus auf gewisse soziale Bedingungen, vor allem auf Vertrauen und auf einen spontan eingelebten Verhaltenskodex angewiesen.

Im vorbereitenden Meinungsaustausch muß die Tatsache verarbeitet werden, daß keine Entscheidung so sicher ist, wie sie sich gibt; daß die Informationen, über welche die Verwaltung verfügt oder welche sie sich ohne zu große Kosten beschaffen kann, kaum jemals ausreichen, um letzte Sicherheit zu gewähren. Die spontane Diskussion hat daher nicht nur den Sinn, alle in der Verwaltung erreichbaren Informationen und Einfälle zu stimulieren und zusammenzutragen. Sie dient außerdem dem Aufbau von Konsens und der Absorption jenes unvermeidlichen Restes an Unsicherheit, der sich durch rationale Entscheidungstechniken nicht ausbooten läßt.[5]

Absorption von Konflikten. Nach dem offiziellen Schaubild müssen alle Konflikte in der Verwaltung formal entscheidbar sein und entschieden werden. Zur Entscheidung ist, wenn die Lösung nicht mit rationaler Argumentation gefunden werden kann, der nächste gemeinsame Vorgesetzte berufen. Solche formalen Kontroversen werden offen geführt. Wer seine persönlichen Ziele mit denen der Organisation zu assoziieren vermag, wer das Geschick besitzt, seinen Wagen an die Zapfstellen zulässiger Argumente heranzufahren, kann in solchen Konflikten auch für sein eigenes Weiterkommen sorgen. Faktisch ist es jedoch ausgeschlossen, daß alle Divergenzen auf den Dienstweg gebracht werden. Manche Themen sind dafür zu heikel, zum Beispiel wenn man gegen die Beförderung eines Kollegen Bedenken hat oder ungreifbare Verdachtsmomente gegen seine Informationsquellen ventilieren will. Und selbst der Konfliktstoff, der auf den Dienstweg paßt, würde ihn hoffnungslos verstopfen, wenn er ohne Vorsortierung dorthin gelangte.

Zur Entlastung des Dienstweges gibt es die formale Pflicht, zuvor eine Verständigung mit dem Kollegen zu versuchen. Schon dabei spielen eine Fülle von informalen Methoden der Konfliktslösung eine Rolle: das unvollständige Informieren, das Überrumpeln des Arglosen, das Ausnutzen von Abwesenheiten und Vertretungen, das Anbieten von Gegenleistungen, die Situationsherrschaft durch elementaren persönlichen Rang und nicht zuletzt die guten Arbeitsbeziehungen, die das Neinsagen erschweren, wenn der Partner sich als besonders interessiert erweist. Dazu kommen die weitsichtigeren Formen der vorbeugenden Konfliktsbehandlung, mit denen man dafür sorgt, daß mutmaßliche Gegner gar nicht erst auf einen bestimmten Posten gelangen oder dort nicht lange bleiben oder in ihren Kompetenzen, ihren Mitteln oder ihrem Zugang zum Vorgesetzten beschnitten werden. Das alles kann den Dienstweg als letzte Bahn der Auseinandersetzung nicht beseitigen, entlastet ihn aber und absorbiert so viel Konfliktstoff, daß er sehr oft nur noch zur Ratifikation eines schon ausgehandelten Kompromisses oder zur zeremoniellen Bestätigung eines schon errungenen Sieges benutzt wird.

Informale Konflikte sind alles andere als wilder Streit. Sie zersetzen die Gesamtordnung nicht, obwohl manch einer mit gelähmtem Elan aus ihnen hervorgeht. Sie sind durch spontan sich herausbildende Richtpunkte und vor allem durch die Notwendigkeit fortgesetzter Kooperation mit dem Gegner diszipliniert. Oberste Regel ist auch hier, daß jeder die Mindestbedingungen der Fortsetzung seiner Mitgliedschaft beachten muß – was sich je nach den Umständen als taktischer Vorteil, als Hindernis oder als Fallstrick erweisen kann.

Diese Regel führt dazu, daß informale Konflikte verdeckt geführt werden müssen. Ihre Unsichtbarkeit hat zwei wichtige Vorteile: Sie ermöglicht es dem Unterliegenden, an seinem Platz zu bleiben, ohne sein Gesicht zu verlieren; er kann so tun, als ob nichts gewesen wäre. Und sie läßt in der Verwaltung eine Fülle von Techniken der Konfliktslösung wirksam werden, deren Existenz offiziell nicht eingestanden zu werden braucht.

Erleichterung der persönlichen Anpassung. Schließlich dient die spontane Ordnung der Erleichterung persönlicher Anpassung an die formal geregelte, durchrationalisierte Arbeitsordnung der Verwaltung.

Welche Strategie der Anpassung an die Organisation der einzelne auch wählt: die Strategie der persönlich indifferenten Pflichterfüllung mit heimlich genossenen Pausen, die Strategie der persönlichen Note im Arbeitsbereich, des Zimmerschmucks, der dezenten Selbstdarstellung im sachlichen Niveau der Arbeit, der dankespflichtigen Wohltaten, oder die Strategie des Aufstiegs zu glanzvollen, weithin sichtbaren Stellungen – überall muß er komplementäre Rollen des Miterlebens, Anerkennens, Förderns oder Gegenspielens voraussetzen. Die spontane Ordnung sichert die Komplementarität dieser nebendienstlichen Rollen, so daß man nicht ins Leere greift, wenn man persönlich handelt.

Unterwachung oder Die Kunst, Vorgesetzte zu lenken

I.

Unterwachung – das ist ein neues Wort, ein seltsames Thema. Daher zunächst einige Worte der Begründung, wie ich gerade darauf gekommen bin. Mein Berufsweg hat mich aus einem durch Vorgesetzte bestimmten Arbeitsbereich in ein nahezu vorgesetztenloses Dasein geführt. Dabei habe ich zu spüren bekommen, daß jetzt etwas fehlt. Nicht nur die starke Schulter, an der man sich gelegentlich anlehnen und ausweinen kann. Vorgesetzte sind für den Untergebenen nicht nur Schutz und Trost. Vielmehr sind sie ein wichtiges, vielfältig verwendbares Werkzeug bei der Durchsetzung von Plänen und Absichten. Wer ohne Vorgesetzte lebt, muß – sofern überhaupt aktiv – sich in vielen und weitverstreuten Beziehungen selbst durchsetzen.

Wer einen Vorgesetzten hat, kann seinen Außenverkehr bei diesem konzentrieren, statt Kraft und Zeit auf viele, ständig wechselnde Querköpfe zu verschwenden, er kann Geist und Geschick sozusagen an einer Stelle konzentriert einsetzen und in die Beziehung zum Vorgesetzten etwas investieren, um aufgrund dieser Beziehung dann diese Potenz zu benutzen – ohne ihm damit notwendigerweise auch den Ärger abzunehmen. Natürlich konzentrieren sich mit den Chancen auch die Risiken. Manche Vorgesetzte erweisen sich als so unkooperativ, so schwierig oder auch so ungeschickt, daß es besser wäre, die Fäden selbst in die Hand zu nehmen. Abgesehen von dieser persönlichen Seite scheint es jedoch viele weitere strukturell bedingte Variablen zu geben, die unerforscht sind, von denen aber Sinn und Erfolg im Umgang mit Vorgesetzten abhängen.

Ein zweites Motiv kommt hinzu. Ich finde es einfach ungerecht, daß man Vorgesetzte, die durch ihre Stellung ohnehin schon privilegiert sind, auch noch von der Forschung her stützt, mit Kursen über Menschenführung beglückt und mit entsprechenden Techniken ausrüstet, die von der Struktur her disprivilegierten Untergebenen dagegen ohne jede Hilfe läßt. Dabei ist der Umgang mit Vorgesetzten gewiß nicht einfacher als der mit Untergebenen. Gewiß kann keine wissenschaftliche Analyse verhindern, daß der Untergebene hin und wieder vor seinem Vorgesetzten Angst bekommt. Aber sie kann ihn vielleicht so weit bringen, daß er imstande ist, aus seiner Angst die richtigen Schlüsse zu ziehen.

Schließlich ein letztes Wort der Einführung: Es gibt für mein Thema keine einschlägige Literatur, keine empirische Forschung. Wahrscheinlich haben Untergebene gute Gründe darüber zu schweigen, wie sie ihre Vorgesetzten behandeln. Aber: Ich hoffe, Ihnen zeigen zu können, daß es im Bereich der allgemeinen soziologischen Organisationsforschung eine Reihe von Einsichten gibt, die sich für unser Thema auswerten lassen. Mir scheint deshalb, daß ich mit diesem Thema Ihnen zugleich einen Einblick vermitteln kann in das Potential einer ziemlich abstrakt, ziemlich theoretisch ansetzenden Organisationsanalyse, und das wäre mein drittes Motiv – mein Hauptmotiv – für diesen Vortrag.

II.

Hierarchien haben eine verzerrende Wirkung auf Urteile, ja selbst auf Wahrnehmungen. Die Tür, hinter der der Präsident sitzt, sieht anders aus als die Tür, hinter der ein einfacher Angestellter sitzt. Dem Staatssekretär, der in Pension geschickt worden ist, kann man den Verlust seines Amtes geradezu ansehen. Von diesem unmittelbaren und strukturbedingten Eindruck muß man sich zunächst distanzieren. Hilfreich ist dabei die Vorstellung, der Vorgesetzte habe keine Kleider an.

Nützlicher, weil abstrakter ansetzend, [ist] die Frage nach Zeit und Kapazität zu bewußter Entscheidung. Das ist der zentrale Ausgangspunkt moderner Organisationstheorie: Knappheit von Bewußtsein – eine nicht erweiterungsfähige anthropologische Konstante. Auch die Vorgesetzten können von diesem harten Gesetz nicht ausgenommen werden: Auch ihre Aufmerksamkeit hat Grenzen, auch ihr Tag hat nur 24 Stunden. Durch Aufstieg in der Hierarchie bekommt man nicht mehr Bewußtsein, nicht mehr Kapazität für Aufmerksamkeit. Betrachtet man von hier aus den typischen Aufbau einer Hierarchie, dann wird deutlich, daß rein von der Kapazität her gesehen der Schwerpunkt bewußter Entscheidungstätigkeit unten liegen muß und daß nach oben hin Engpässe an Zeit und Aufmerksamkeit entstehen.

III.

Soviel gilt allgemein. Gehen wir nun speziell auf die Position und die Perspektiven eines Untergebenen ein, so ist zunächst nach seinen Zielen zu fragen. Dabei läßt sich, ganz im groben, zweierlei unterscheiden. Es gibt einerseits Ziele der Selbstdarstellung: Man bemüht sich als der zu erscheinen, der man sein möchte. Langfristig gesehen gehört dazu die Förderung der eigenen Karriereinteressen als Vorsorge für das Erreichen derjenigen Positionen, auf denen man der sein kann, der man sein möchte.

Zum anderen gibt es Strategien der Entscheidungsbeeinflussung. In der Position des Untergebenen formieren sich bestimmte Interessen: Interessen seines Dezernats, seiner Abteilung, aber auch das Interesse an hinreichender Entscheidungszeit, an Kontrolle über die kritischen Variablen, an einem Schatz von Ausreden und Entschuldigungen bei Fehlern – alles Interessen, die er im allgemeinen nur durch Einfluß auf Entscheidungen realisieren kann. Diese Interessen können mehr oder weniger eng mit den besonderen Aufgaben zusammenhängen.

Für diese beiden Zielgruppen, Selbstdarstellung und Entscheidungsbeeinflussung, lassen sich nun die folgenden beiden Fragen stellen: Wie weit sind sie integriert in dem Sinne, daß die Verfolgung des einen Zieles die des anderen mitfördert und umgekehrt? Und zweitens: Wer ist das relevante Publikum für diese Strategien? Ist der Vorgesetzte das relevante Publikum für beides, für Selbstdarstellung und Entscheidungsbeeinflussung? Oder sind es die Kollegen? Oder die eigenen Untergebenen? In dem Maße, in dem der Vorgesetzte als einzelner relevantes Publikum ist, gelingt auch die Integration. Nur dann fallen Selbstdarstellung und Entscheidungsbeeinflussung zusammen. Andernfalls ist Integration nicht ausgeschlossen, aber problematischer.

IV.

[Wenden wir uns jetzt den Machtbeziehungen zu.] Auch hier, wie im Falle der Hierarchie, geht es zunächst um den Abbau optischer Verzerrungen. Man denkt zunächst vielleicht: Im Verhältnis von Vorgesetzten und Untergebenen liegt die Macht beim Vorgesetzten, zumindest die überwiegende Macht. Das ist jedoch nicht unbedingt der Fall, kann zumindest nicht ohne weitere Untersuchung qua Vorurteil entschieden werden.

Zunächst muß man einen dafür geeigneten Machtbegriff finden, trotz aller Schwierigkeiten der Machttheorie. Mit dem Machtbegriff möchte ich den Vorgang der Übertragung von Selektionsleitungen fassen. Folgende einschränkende Bedingungen sind zu beachten: Die Auswahl und Übertragung erfolgt durch Entscheidung, und die Annahme erfolgt im Hinblick auf Vermeidungsalternativen. Der Untergebene nimmt an, weil er Sanktionen vermeiden will, der Vorgesetzte nimmt an, weil die Alternative, sich ein eigenes Urteil zu bilden, zu aufwendig wäre. Es ist danach klar, daß sowohl der Vorgesetzte Macht über den Untergebenen besitzen kann als auch der Untergebene Macht über den Vorgesetzten.

Die Macht im System ist, das wissen Organisationssoziologen seit langem, durch das Hierarchiemodell noch nicht eindeutig verteilt. Dennoch bleibt es schwierig, reziproke Machtverhältnisse zu verstehen. Die klassische Machttheorie war am Bild physischer Kräfte orientiert: Wechselseitige Blockierung mußte verhindert werden. Wer mehr Macht hat, hat allein Macht, weil er im Konflikt obsiegt. Demgegenüber muß man sehen, daß es verschiedene Arten von Machtquellen gibt, die sich nicht in dieser Weise verrechnen lassen.

Die Macht des Vorgesetzten beruht auf der Möglichkeit, Konflikte förmlich zu entscheiden, dem Untergebenen die Mitgliedschaftsalternative zuzuspielen, also mit Entlassung zu drohen. Die Macht des Untergebenen beruht auf der Komplexität der Entscheidungslage des Vorgesetzten. Dieser braucht Entscheidungshilfen, ist auf Vorsortierung angewiesen. Er wäre verloren, würde der Untergebene alle Probleme nach oben geben. Ironischerweise beruht auch die Macht der Untergebenen über Vorgesetzte auf formaler Organisation – nämlich auf den Aufgaben und der Verantwortlichkeit des Vorgesetzten und dem Recht des Untergebenen, Führungsentscheidungen einzuholen.

Im übrigen ist die Machtverteilung im Einzelfall natürlich verschieden. Sie ist abhängig vom Grad der Komplexität und den Ungewißheiten der Entscheidungslage des Vorgesetzten, und abhängig von dem Ausmaß, in dem er Erfolge durch formale Entscheidungen sicherstellen kann.

Für das Verständnis dieser Analyse ist entscheidend, daß Sie sich mit einer etwas ungewöhnlichen These vertraut machen: Macht kann effektiv nur in Form von Kooperation, nicht in der Form von Konflikt ausgeübt werden. Es geht ja um Übertragung von Selektionsleistungen: um einen gemeinsamen Entscheidungsprozeß. In der Tat sind offene Konflikte zwischen Vorgesetzten und Untergebenen selten und implizieren immer einen Zusammenbruch der Machtbeziehungen. Durch vertrauensvolle Kooperation kann die Macht auf beiden Seiten gesteigert werden. Sabotage dagegen führt zu Immobilismus und kann eigentlich nur politisch, nicht bürokratisch sinnvoll sein. Ein solches System wird selbststabilisierend dadurch, daß jede Seite, im Interesse der besonderen eigenen Macht über den anderen, dessen Macht schont und beachtet.

Ich habe jetzt noch zwei große Themen – und sehr wenig Zeit. Zunächst möchte ich Ihnen einige Systemvariablen vorstellen, die für die Beziehung [zwischen Vorgesetzten und Untergebenen] bedeutsam sind (V), und danach eine Analyse der

Situationen und ihrer taktischen Möglichkeiten
vorführen, in denen eine solche Beziehung Ge-
stalt gewinnt, eine eigene Geschichte produziert
und unter Umständen schwer reversible Formen
gewinnt (VI). Zunächst die Übersicht über wichtige strukturelle Variablen.

V.

Dazu gehört die Verteilung der Außenkontakte,
und zwar nach Input und Output: Auf welcher
hierarchischen Ebene wird in die Umwelt hinein-
gewirkt, und auf welcher Ebene wirkt die Umwelt – Zusatzfrage: welche Umwelt? – auf das
System? Diese Außenbeziehungen spiegeln sich
natürlich im Spannungsverhältnis von Vorgesetzten und Untergebenen wider.

Damit zusammenhängend sollte man nach der
Verteilung der Initiativen im System fragen. Diese
Verteilung müßte meines Erachtens mit den Au-
ßenkontakten korrelieren, da man sonst eine
Fehlorganisation hat, die für die Balancierung des
Systems in seiner Umwelt bedenklich ist. Und
weiter: Welche Entscheidungsnähe haben Initiati-

ven? Wieviel wird damit schon definitiv ausgeschlossen? Sind die Initiativen programmiert oder nicht?

Ein dritter Punkt – neben Außenkontakten und Initiativrechten – betrifft die Verteilung der relevanten Unsicherheiten im System: Auf welcher Ebene wird Unsicherheit absorbiert? Bei Behörden, die planen müßten, aber nicht können, geschieht dies typisch zu weit unten. Denken Sie an Kultusministerien oder den Entwicklungshilfeminister: Die Verantwortung rutscht nach unten ab. Die Entscheidungen werden unten gemacht, die Vorgesetzten auf eine Vermittlungsfunktion reduziert, was gerade bei Untergebenen eher Resignation als Machtfreude auslöst.

Zu beachten ist ferner das Verhältnis der Untergebenen zueinander. Ein Vorgesetzter hat gewöhnlich mehrere Untergebene. Wenn diese anfangen, sich mit ihrem Vorgesetzten zu befassen, läßt es sich kaum vermeiden, daß sie sich begegnen und sich als Kollegen erkennen. Welches Verhältnis spielt sich hier ein? Vermutlich besteht ein enger Zusammenhang mit der Zielstruktur – ein Thema, das für Menschenführungstheorien große Bedeutung besitzt, für die Theorie der

Unterwachung erst noch ausgearbeitet werden muß.

Eine letzte Gruppe von Fragen bezieht sich auf die mutmaßliche Dauer der Beziehung. Was ist auf Dauer typisch erwartbar, wenn man beginnt? Und wer ist mobil: der Vorgesetzte oder der Untergebene? Wer lernt typischerweise wen an?

Nimmt man all dies zusammen in den Blick, dann erfährt man etwas von den Grenzen des Bewußtseins. Ein Überblick über die Zusammenhänge ist nicht mehr zu gewinnen – bzw. nur noch an der konkreten Situation zu gewinnen. Für deren Analyse dient unser Schema als ein Katalog von Merkzeichen, die an das erinnern, was man alles bedenken muß. Die theoretische Absicht geht natürlich weit darüber hinaus.

VI.

Nun kommt unser letzter Punkt: die relative Eigenständigkeit von Situationen. Auch hierfür wäre viel mehr an theoretischer Vorbereitung nötig, als ich im Moment geben kann. Es muß genügen, wenn ich im allgemeinen sage, daß es in allen institutionell festgelegten oder gar durchorganisierten Systemen trotzdem eine mehr oder weniger große Autonomie der Einzelsituation gibt. Wer jene Großorganisation analysiert hat, hat damit noch lange nicht die Situation in der Hand; er muß sein Wissen ja noch »anbringen«. Auch Situationen mit mehreren Anwesenden sind soziale Systeme, die sich soziologisch analysieren lassen. Es gibt Situationen, die »gelingen«, und solche, die schiefgehen, und wenn Sie genau hinsehen und Ihre Beobachtungen sammeln, vielleicht auch über eine gewisse Zeit hinweg, vielleicht auch gezielte Experimente machen, werden Sie sehen, daß dies angebbaren Regeln folgt.

Regeln des Erfolgs in Situationen sind zugleich Ansatzpunkte für mehr oder weniger subtile Taktiken. Das möchte ich Ihnen nun an Beispielen zeigen.

Wichtig ist natürlich Respekt als formale Anerkennung der ranghöheren Rolle. Hier wird oft das Problem der Servilität befürchtet. Es gibt aber Möglichkeiten, Mißachtung respektvoll zum Ausdruck zu bringen, etwa indem man sich als nicht verstehenden, gelangweilten Zuhörer zeigt. Oberste Bedingung [ist] Takt: Man muß den anderen als den behandeln, der er sein möchte, sozusagen die beabsichtigte Selbstdarstellung im eigenen Handeln auffangen und reflektieren. Ich habe immer wieder versucht, an den Grenzen der Taktlosigkeit zu experimentieren, es zahlt sich nicht aus. Man kann irritieren, die Situation in ein leichtes Vibrieren bringen, vielleicht so stark stören, daß Aufmerksamkeit von einem unangenehmen Thema wegkommt. Viel mehr ist damit nicht zu erreichen.

Besonders wichtig ist Takt in Situationen, in denen der andere gar nicht frei ist, seine Selbstdarstellung zu wählen. Typisch [sind solche Situationen] für Vorgesetzte, die nicht frei sind, sondern sich als überlegen, ausschlaggebend, erhaben darstellen müssen. Gerade bei ersichtlich schwachen Leuten sind Taktverstöße [dann] nicht nur grausam; sie werden typisch durch andere mißbilligt. Man muß sehr viel subtiler agieren.

[Ein] Sonderproblem [ist die] Differenz von Starrollen und Direktionsrollen – sie erfordert ein kompliziertes Managen von sichtbaren und unsichtbaren Einflüssen. [Und eine] Sondersituation [sind] Konferenzen. Der Vorgesetzte muß [hier] relativ unberaten agieren. Er kann sich technische

Einzelheiten von hinten durchreichen lassen, aber nicht die große Linie. Und es kann sein, daß er, ohne es zu merken, von dieser Linie abweicht. Oder die Situation entwickelt sich überhaupt anders als geplant: Don Carlos – Charleys Tante. Generell gibt es keine festen Rezepte, aber eine Differenz zwischen den kleinen Tricks und der großen Linie. Man kann Vorgesetzte nicht mit der Garantie für den Einzelfall lenken, die umgekehrt vom Vorgesetzten in bezug auf seine Untergebenen erwartet wird. Man muß ihn, sozusagen, an der langen Leine laufenlassen, gelegentliches Ausbrechen [ist aber] nicht zu verhindern.

Wieder zurück zu allgemeinen Situationen und noch ein Beispiel für abstraktere Überlegungen [zur] Zeitstruktur. Es handelt sich [bei Interaktionen zwischen Vorgesetzten und Untergebenen] um thematisch konzentrierte Zusammenkünfte. Daher [ist] eine Synchronisation des Erlebens erforderlich, trotz sehr verschiedenartiger Erlebnistempi. Für den einen geht's zu langsam – er ist in Gefahr, abzuschweifen. Für den anderen geht's zu schnell – er kommt unter Zeitdruck, Aktionsdruck, kann nicht ordentlich überlegen und immer erst hinterher begreifen, was er getan hat.

Die Verteilung der Zeit ist nicht nur eine Sache des Talents, sondern modifizierbar durch Vorbereitung. Zu beachten ist, daß eben wegen dieser Problematik dem Vorgesetzten die Verfügung über die Zeit gebührt. Er bestimmt das Tempo, die Dauer, die Wahl des Zeitpunkts der Begegnung. Doch förmliche Befugnisse sind immer schwerfällig; man kann einem schnell denkenden Untergebenen nicht ständig »langsam!« zurufen. [Die] Wahl eines konträren Rhythmus' [wiederum ist] enervierend. Kleine Gewinne [kann man erzielen] zum Beispiel durch komplizierte Ausdrucksweise – bis der andere versteht, hat er die Zeit zum Widerspruch verpaßt. Auf [die] Aufforderung, zu einer Sitzung zu kommen, [kann man beispielsweise sagen]: »Ich werde sehen, ob ich einen geeigneten Moment finden werde, in dem ich mich davon überzeugen kann, daß es notwendig ist, dort hinzugehen.«

VII.

Aber ist das alles nicht ein gefährliches Unterfangen? Wird so nicht alle Ordnung unterhöhlt?

Wird so nicht jede ethische Gesinnung aufgehoben und, bestenfalls, durch bloße analytische Intelligenz ersetzt?

Darauf die folgenden Antworten: (1) Unser Problem liegt nicht in der Linientreue, sondern im analytischen Aufschließen sehr komplexer Sachverhalte. Dazu müssen die diagnostischen Fähigkeiten verbessert werden und dafür ist unten einfach mehr Zeit und mehr Potenz vorhanden als oben. (2) Das Spiel kann auf allen Ebenen der Hierarchie, also auch ganz oben, gespielt werden, soweit überhaupt Vorgesetzte reichen. (3) Es kann, sobald es transparent wird, zurückgespielt werden. (4) Und schließlich kann das System sich auf ganz legitime Weise wehren – nämlich dadurch, daß es den, der seine Vorgesetzten zu lenken versteht, zum Vorgesetzten macht.

Anmerkungen

Der neue Chef

1 Vgl. etwa Erving Goffman, The Presentation of Self in Everyday Life, Edinburgh ²1958, S. 4 ff.; Ralph M. Stogdill, Individual Behavior and Group Achievement, New York 1959, S. 96 f.

2 Vgl. z. B. Harvey Leibenstein, Economic Theory and Organizational Analysis, New York 1960, S. 201.

3 Das betont Oskar Grusky, Administrative Succession in Formal Organizations, Social Forces 39 (1960) S. 105-115 (105 f.).

4 Vgl. hierzu Meyer Fortes, The Structure of Unilineal Descent Groups, American Anthropologist 55 (1953) S. 17-41 (36), und die weitere Ausarbeitung dieses Gedankens bei Siegfried F. Nadel, The Theory of Social Structure, Glencoe (IL) 1957, S. 68 f.

5 So Melville Dalton, Men Who Manage, New York/London 1959, S. 234.

6 Schon Fritz J. Roethlisberger/William J. Dickson, Management and the Worker, Cambridge (MA) 1939, S. 567, sahen darin einen Grund für den Widerstand der informalen Ordnung gegen formale Änderungen. Seitdem ist dieses Thema viel erörtert worden.

7 Einen ähnlichen Katalog stellt Grusky, Administrative Succession, a. a. O. (Anm. 3) auf.

8 Zu einem Fall, in dem der Wechsel nicht als legitim anerkannt wurde und schließlich einen Streik zur Folge hatte, vgl. Alvin W. Gouldner, Wildcat Strike, Yellow Springs (OH) 1954, insb. S. 79 f., 158.

9 Hierzu C. Roland Christensen, Management Succession in Small and Growing Enterprises, Boston 1953, und

Donald B. Trow, Executive Succession in Small Compa-
nies, Administrative Science Quarterly 6 (1961) S. 228-
239.

10 Grusky, Administrative Succession, a.a.O. (Anm. 3),
S. 107, 114 f.

11 Gouldner, Wildcat Strike, a.a.O. (Anm. 8), S. 119 ff.,
176 ff.; ders., Patterns of Industrial Bureaucracy, Glencoe
(IL) 1954, S. 157 ff.

12 So Grusky, Administrative Succession, a.a.O. (Anm. 3),
S. 108 f. Vgl. auch die Erörterung beider Varianten bei
Richard O. Carlson, Succession and Performance among
School Superintendents, Administrative Science Quarterly
6 (1961), S. 210-227.

13 Georg Simmel, Soziologie, München/Leipzig ³1923,
S. 509 ff.

14 Hierauf weist auch Gouldner, Wildcat Strike, a.a.O.
(Anm. 8), S. 157, hin.

15 Ein solcher Zusammenbruch des informalen Kommuni-
kationssystems beim Chefwechsel ist häufig beobachtet
worden. Vgl. Roethlisberger/Dickson, Management and
the Worker, a.a.O. (Anm. 6), S. 453; Grusky, Administrative Succession, a.a.O. (Anm. 3), S. 108; Gouldner,
Patterns, a.a.O. (Anm. 11), S. 84 f., und Wildcat Strike,
a.a.O. (Anm. 8), S. 136 f., 157; Herman M. Somers, The
Federal Bureaucracy and the Change of Administration,
The American Political Science Review 48 (1954), S. 131-
151 (145, 147 f.).

16 Vgl. Laurin L. Henry, Presidential Transitions, Washing-
ton 1960, S. 541 f.

17 Vgl. z. B. Dalton, Men Who Manage, a.a.O. (Anm. 5),
S. 28, 62; Eli Ginzberg, What Makes an Executive?, New
York 1955, S. 156; Norman H. Martin/Anselm L. Strauss,
Patterns of Mobility within Industrial Organizations, The
Journal of Business 29 (1956), S. 101-110 (106).

18 Zum Problem solcher »Old Lieutenants« vgl. Gouldner, Patterns, a.a.O. (Anm. 11), S. 74 ff.

19 Grusky, Administrative Succession, a.a.O. (Anm. 3), S. 108, meint generell, daß die Internbesetzung weniger Schwierigkeiten bereite. Unentschieden R. Stewart, Management Succession, The Manager 23 (1955), S. 579-582, 676-679 (580).

20 Gouldner, Patterns, a. a. O. (Anm. 11), S. 79-83.

21 Vgl. dazu Grusky, Administrative Succession, a.a.O. (Anm. 3), S. 107.

22 Zu den Problemen und Techniken einer solchen Selbstdarstellung vgl. Goffman, The Presentation of Self, a.a.O. (Anm. 1).

23 Diese Reaktion wird auch in der vorliegenden Literatur häufig erwähnt. Vgl. etwa Roethlisberger/Dickson, Management and the Worker, a.a.O. (Anm. 6), S. 452 f.; Gouldner, Patterns, a.a.O. (Anm. 11), S. 59 ff.; Carlson, Succession and Performance, a.a.O. (Anm. 12), S. 216; Grusky, Administrative Succession, a.a.O. (Anm. 3), S. 109, und ders., Role Conflict in Organizations, A Study of Prison Camp Officials, Administrative Science Quarterly 3 (1959), S. 452-472 (463 ff.).

24 Manche Hinweise dazu in Conrad M. Arensberg u. a. (Hrsg.), Research in Industrial Human Relations, New York 1957; vgl. ferner John M. Pfiffner/Frank P. Sherwood, Administrative Organization, Englewood Cliffs (NJ) 1960, insb. S. 364 ff.

Spontane Ordnungsbildung

1 »Small Groups and Large Organizations«, in: John R. Rohrer/Muzafer Sherif (Hrsg.), Social Psychology at the Crossroads, New York 1951, S. 297-312.

2 Die Mühe, die es der Postgewerkschaft machte, im Juli
1962 eine »Aktion Igel« als Streikprogramm auszuden-
ken, einzurichten und durchzuführen, hat in Form eines
»natürlichen Experiments« sehr schön gezeigt, wie le-
bensfremd diese Reduktion auf die formale Pflicht ist: Sie
muß durch eine künstliche Operation aus dem konkreten
Alltagsverhalten herausisoliert werden, und es macht Mühe, sie in *dieser* Form zu erfüllen.

3 Harold E. Dale, The Higher Civil Service of Great Britain,
London 1941, S. 37.

4 Wer, wie zuweilen einsame Intellektuelle, darauf keinen
Wert legt, isoliert nicht nur sich selbst, sondern stört zugleich die kollegiale Kooperation an der wechselseitigen
Hochachtung, indem er die Maßstäbe seiner Achtung
von außen, zum Beispiel von akademischen Kreisen oder
professionellen Gruppen, oder auch aus der Anerkennung
durch die unmittelbaren Kunden der Verwaltung bezieht.

5 Der Bedarf an nichtrationalen Entscheidungsgrundlagen
wächst in dem Maße, als die Entscheidungen nicht oder
nicht detailliert genug programmiert werden können. Er
ist in höheren Instanzen, besonders in der Verwaltungslei-
tung, fast unentwegt fühlbar und drängt sich namentlich
dort auf, wo die Verwaltung ihr Entscheiden auf rasch
wechselnde Umweltbedingungen einstellen muß, zum Beispiel in politisch exponierten Verwaltungszweigen.

Nachweise

»Der neue Chef«, in: Verwaltungsarchiv 53 (1962), S. 11-24.

»Spontane Ordnungsbildung«, in: Verwaltung. Eine einführende Darstellung, herausgegeben von Fritz Morstein Marx in Verbindung mit Erich Becker und Carl Hermann Ule, Berlin 1965, S. 163-183.

»Unterwachung oder Die Kunst, Vorgesetzte zu lenken«, bislang unpubliziertes Typoskript aus dem Nachlaß, für den Erstdruck bearbeitet von Jürgen Kaube.

Nachwort

Die Ethnographie der Chefetagen, wenn es denn Etagen sind, ist kaum entwickelt. Wir haben keine Soziologie der Vorstandssitzung, keine des Krisentelefonats und keine des Vorzimmers. Zwar wissen wir einiges über Industrieverwaltungen, mittlere Manager, Börsianer und sogar über die Türsteher der Häuser, in denen Chefs wohnen.[1] Die Elitenforschung meint ihre soziale Herkunft zu kennen, auch wenn sie zumeist den Begriff der Elite auf Wirtschaftskapitäne einschränkt und über die Chefs von Kirchen, Gerichten, Sportverbänden oder Regierungspräsidien hinwegsieht. Und wir wissen viel über die Funktion von Hierarchien, Macht, Management, also über Strukturen, die vorausgesetzt sind, wenn es Chefs gibt. Doch über die Verhaltensprobleme an der

1 Melville Dalton, Men Who Manage. Fusions of Feeling and Theory in Adminstration, New York 1959; Tony Watson, In Search of Management. Culture, Chaos and Control in Managerial Work, London 1994; Karen Z. Ho, Liquidated. An Ethnography of Wall Street, Durham 2009; Peter Bearman, Doormen, Chicago 2005.

Spitze von Organisationen wissen wir mangels teilnehmender Beobachtung nur wenig, das nicht die erheblichen Nachteile von Interviews, Biographien oder solchen Berichten besäße, in denen Augenzeugen sich auf dem Sachbuchmarkt Luft verschaffen.[2] Chefs sind außerdem nur in den seltensten Fällen Erforscher ihrer Rolle. Sie investieren zwar viel Zeit in die Beobachtung anderer Chefs, aber hier dominieren Gesichtspunkte des eigenen Fortkommens.[3] Die Frage »What Do Bosses Do?«[4] führt darum nach wie vor auf ein weitgehend unerschlossenes Gebiet.

Auch Niklas Luhmann war kein Chef. Wie auch hätte er sonst ein Werk vorlegen können? In einem der Beiträge dieses Bandes bezeichnet er außerdem das, was die längste Phase seines intellektuellen Lebens werden sollte, als den Sonderfall

2 Zuletzt Katharina Münk, Und morgen bringe ich ihn um. Als Chefsekretärin im Top-Management, Frankfurt/M. 2006.

3 Vgl. die große Ausnahme einer Soziologie der Chefetage: Robert Jackall, Moral Mazes. The World of Corporate Managers, Oxford 1988.

4 Stephen Marglin, »What Do Bosses Do? The Origin and Function of Hierarchy in Capitalist Production«, Review of Radical Political Economics 6 (1974), S. 60-112, und 7 (1975), S. 20-37.

eines vorgesetztenlosen Daseins. Die Universität stellt also zusätzlich Erkenntnishindernisse für eine Soziologie des Chefs auf, weil es an ihr, zumindest in den Sozialwissenschaften, kaum welche gibt.

Dennoch kann niemand die vorliegenden Aufsätze Luhmanns lesen, ohne sofort ihren empirischen Hintergrund zu spüren. Wie sein großes Buch *Funktionen und Folgen formaler Organisation* von 1964, in dessen Umkreis sie entstanden sind, verdichten sie mehr als ein immenses Pensum an organisationssoziologischer Lektüre. Sie verdichten auch Erfahrungen, die Luhmann von 1954 an acht Jahre lang als niedersächsischer Ministerialbeamter gemacht hatte und die aufzuschließen ihn zur soziologischen Theorie drängte: Die Nervosität der Verwaltung bei drohendem Chefwechsel; die Disposition des Beamten zu taktischem Verhalten, die sich daraus ergibt, daß ihm seine Arbeit persönlich zugerechnet wird; die Demonstration von Ungleichheit durch Kommunikation von Gleichheit, wenn der Chef die Nachgeordneten als »Kollegen« anspricht; die Techniken der Unterwachung bis hin zur Möglichkeit, durch komplizierte Mitteilungen in Entscheidungssituationen Widerspruch zu verhindern oder durch ein gelangweiltes Gesicht an der Grenze des Respekts Mißachtung zu kommunizieren.

Luhmann hat solche Eindrücke nur in Nebenbemerkungen festgehalten und ihnen nicht die Form eines Handorakels der Rollenspielräume in modernen Organisationen gegeben. Sein Vortragsmanuskript über die Kunst, Vorgesetzte zu lenken, das ausdrücklich Hilfe für Untergebene und insofern eine Art Unternehmensberatung von unten in Aussicht stellt, hat er nicht ausgearbeitet. Es wird hier erstmals publiziert. Luhmanns Hinweise auf die Besonderheiten einerseits von Verwaltungen gegenüber Industriebetrieben, andererseits von einzelnen Situationen gegenüber Organisationsstrukturen, zu denen die Vorgesetztenrolle gehört, legen konkrete Rezepte für Chefs und die von ihnen Betroffenen auch gar nicht nahe.

Wer praktische Folgerungen aus den hier vorgelegten Erkenntnissen ziehen möchte, tut darum gut daran, die Spezifik der eigenen Lage mittels der von Luhmann angebotenen Begriffe zu bestimmen. Er selbst weist etwa, was die Bedeutung von Selbstdarstellung in Organisationen angeht, auf den Unterschied zwischen solchen Bezirken hin, in denen überwiegend kommuniziert, und solchen, in denen auch manuell gearbeitet wird. Heute würde man zusätzlich zwischen Organisationen und Chefs unterscheiden, die in der Öffentlichkeit stehen, und solchen, für die sich (und die sich für) Medien weniger interessieren. Organisationen mit hoher Regelungsdichte wiederum legen andere Interaktionsformen zwischen Vorgesetzten und Mitarbeitern nahe, als solche, bei denen Unberechenbarkeit ein Merkmal der erwünschten Beiträge ist; man denke an Werbeagenturen, Theater oder Zeitungen. Dort, wo die Darstellung von Individualität ins Rollenprogramm aufgenommen ist, wie etwa in Zusammenhängen der Kunstproduktion oder an der Spitze politischer Parteien, stellen sich die Rücksichten, die auf Chefs und ihr Charisma genommen werden müssen, anders dar als im Einzelhandel oder in Finanzämtern.

Wenn, wie Luhmann unterstreicht, Macht nur in Form von Kooperation, nicht in der des Konfliktes ausgeübt werden kann, haben auch flache Hierarchien andere Folgen für die Chefrolle als lange Dienstwege. Bei kurzen landen nämlich viel mehr Konflikte auf dem Tisch des Souveräns. Der mag dann im Gegenzug Ausnahmezustände vorziehen, die alles andere überdecken, weil ihn das den Normalzustand der Organisation und die tatsächlichen Belastungstests vergessen läßt. Ein weiterer unterscheidender Effekt der Hierarchiehöhe betrifft die Möglichkeiten zur Beförderung und prägt die Spielräume der Vorgesetzten und ihrer Gegenüber genauso wie die finanziellen Umstände ihrer Ambitionen.[5] Oder nehmen wir eine Struktur, die Luhmann gar nicht vorsieht: daß es nicht einen Chef, sondern mehrere gleichen Ranges gibt, die über das, was alle und nicht nur ihre jeweils eigene Zuständigkeit angeht, mittels Konsens, Indifferenz und Tausch entscheiden.

Beispiele wie diese verdeutlichen, daß der praktische Ertrag dieser Aufsätze mehr davon abhängt, ihre Perspektive einzunehmen, als einzelne ihrer Beobachtungen anwenden zu wollen. Die Perspektive, um die es sich dabei handelt, verdankt sich Luhmanns Nachdenken über die Grundbegriffe

5 Sehr komplex, aber eher ratlos Georges Perec, Über die Kunst, seinen Chef anzusprechen und ihn um eine Gehaltserhöhung zu bitten, Stuttgart 2010.

der Soziologie in ihrem goldenen amerikanischen Zeitalter, hier vor allem solche wie »Rolle«, »informelle Kommunikation« und »Hierarchie«. So könnte allein der triviale Umstand, daß »Chef« eine Rolle ist, der Chef zugleich aber auch eine Person, praktisch durchdacht, den Beteiligten auf beiden Seiten hierarchischer Kommunikation viele Kurzschlüsse ersparen. Was Vorgesetzten oft als persönliche Qualität zugeschrieben wird – Sprunghaftigkeit, Selbstwiderspruch, Laune –, ist mitunter nur eine Begleiterscheinung ihrer Rollenausführung. Luhmann deutet das an, wenn er von den »zugänglichen Stunden« der Chefs spricht, die sich mit unzugänglichen abwechseln. Neue Chefs wiederum lernen, daß ihnen ihr Gefühl wenig hilft, in der neuen Rolle das alte Ich geblieben zu sein, wenn selbst Gegenüber, die mit der Person lange vertraut sind, an der neuen Rolle vor allem Ungewißheit erleben. Umgekehrt führt die Tatsache, daß Spitzenstellungen, wie es ein hoher Ministerialbeamter einmal formuliert hat, dazu neigen, nur ganz bestimmte Persönlichkeitsmerkmale ihrer Inhaber weiterzuentwickeln, wenn sie unreflektiert bleibt, zu größerer Distanz und Verachtung als nötig wäre. Ob Konflikte einen Rollenwechsel vom Kollegen zum Chef überdauern, weil man schon weiß, was man voneinander zu halten hat, hängt wiederum von der Neigung beider Seiten ab, etwas persönlich zu nehmen.

Die in diesem Zusammenhang wichtigste Überlegung Luhmanns gilt dem spontanen Handeln. Für Luhmann setzt es voraus, sich keinen Kopf über die Zustimmungsfähigkeit dieses Handelns machen zu müssen und vom Bild absehen zu können, das man abgibt, wenn man handelt. Das wiederum ist nur möglich, wenn die Gefahr, sich zu blamieren, durch eine kognitive Grundeinstellung derjenigen gebannt ist, die das Handeln beobachten und es nicht persönlich nehmen, wenn falsch gehandelt wurde. Daß Luhmann wiederholt auf Takt, Selbstdisziplin, die Bereitschaft, Gefühle für sich zu behalten, und wechselseitige Achtung als Elemente kollegialen Verhaltens zu sprechen kommt, berührt insofern auch die notwendigen Bedingungen für sachbezogene und, wie er schreibt, »sozial unerwogene« Kommunikation in Organisationen. Solche Kommunikation wird unter Beteiligung eines Chefs unwahrscheinlicher, weil »im Verkehr mit ihm vorsichtige Zurückhaltung angebracht« (S. 67) ist. Daß es gleichwohl im Interesse der meisten Organisationen liegt, spontanes Handeln zu ermöglichen, kann Chefs vielleicht mit dem Paradox aussöhnen, daß sie einerseits unentbehrlich sind und andererseits stören.

Jürgen Kaube